学校课程深度变革丛书　　杨四耕 主编

为每一个儿童设计课程

MY课程

叩响儿童心灵

陆 晔◎著

华东师范大学出版社
·上海·

图书在版编目(CIP)数据

MY课程：叩响儿童心灵/陆晔著. —上海：华东师范大学出版社，2018
(学校课程深度变革丛书)
ISBN 978-7-5675-7974-3

Ⅰ.①M… Ⅱ.①陆… Ⅲ.①学前教育-课程建设-研究 Ⅳ.①G612

中国版本图书馆CIP数据核字(2018)第229264号

学校课程深度变革丛书
MY课程：叩响儿童心灵

丛书主编 杨四耕
著　　者 陆　晔
责任编辑 刘　佳
特约审读 耿文菲
责任校对 林文君
装帧设计 卢晓红　刘怡霖

出版发行 华东师范大学出版社
社　　址 上海市中山北路3663号　邮编200062
网　　址 www.ecnupress.com.cn
电　　话 021-60821666　行政传真 021-62572105
客服电话 021-62865537　门市(邮购)电话 021-62869887
地　　址 上海市中山北路3663号华东师范大学校内先锋路口
网　　店 http://hdsdcbs.tmall.com

印 刷 者 常熟市大宏印刷有限公司
开　　本 787毫米×1092毫米 1/16
印　　张 12.75
字　　数 186千字
版　　次 2018年10月第1版
印　　次 2023年5月第4次
书　　号 ISBN 978-7-5675-7974-3/G·11281
定　　价 39.00元

出 版 人 王　焰

丛书总序

迈向 3.0 的学校课程变革

学校课程变革有三个层次：一是 1.0 层次。这个层次的课程变革，以课程门类的增减为标志，学校会开发一门一门的校本课程，并不断增减，这是“点状”水平的课程变革。二是 2.0 层次。处在这个层次，学校会围绕某一特定的办学特色或项目特色，开发相应的特色课程群。在一定意义上，这个层次的课程变革是围绕办学特色的“线性”课程设计与开发水平。三是 3.0 层次。此层次，学校课程发展呈“巢状”，以多维联动、有逻辑的课程体系为标志，将课程、教学、评价、管理以及师生发展融为一体，这是文化建构与创生层次的课程变革。

当前，碎片化、大杂烩的学校课程变革普遍存在。具体表现如下：

一是不贴地。没有学校课程情境的分析，空降式课程开发，不基于学校实际，没有在地文化意识，不关注孩子们的学习需求，为了课程而课程。

二是无目标。不少学校的改革是为了课程而课程，课程建设不是基于育人目标的实现，脑中没有育人意识，眼中没有育人目标，育人目标与课程目标不能很好地实现对接。

三是无逻辑。没有学校课程的顶层设计或整体规划，学校课程建设只是一门、一门的校本课程的累加，处于“事件”状态，没有形成“整体”气候，没有“体系”意识。没有基于学校的办学理念提出自己的课程理念，办学理念与课程理念一致性比较弱，更别谈基于理念的课程设计、实施与评价的“连结”或“贯通”了。

四是大杂烩。学校虽然开发了很多课程，但对课程没有进行合理的分类，课程之间的关联性与结构性比较弱；杂乱无序的“课程碎片”以及随意拼凑的“课程拼盘”，很难以发挥课程的整体育人效果。

五是不活跃。课程实施方式单一，以课堂教学为主渠道，以学科学习为主范域，以知识拓展为主追求，辅之以兴趣小组、社团活动，对户外学习、服务学习、综合学习、动手操作等方式用得很少。

六是无评价。没有课程认证与评估，课程开发随意性比较大；课程设计没有具体评价考虑，课程实施效果没有评价支撑，其结果不得而知。

七是弱管理。基于现实因素，中小学对教学管理是抓得很紧的，但因课程开发对学校来说只不过是“锦上添花”的东西，所以大多数学校的课程管理都比较弱，基本不受重视。从现实情况看，中小学教师普遍没有课程意识、课程开发能力比较弱，更不懂得如何管理课程，课程资源意识也比较淡。

八是低关联。学校课程的各要素之间关联度低，如学校课程建设没有触及课堂教学改革，课程建设与教学有效性的提升没有关系；中小学真正参与课程建设的积极性普遍不高，他们内心里觉得“课程开发浪费时间”，“对提高教学质量没有用”，课程开发在很大程度上还只是行政推动或为了所谓的“办学特色”而已。

林林总总，中小学课程改革的细节问题很多，很值得我们关注。教育部《关于全面深化课程改革，落实立德树人根本任务的意见》指出：中小学课程改革从总体上看，整体规划、协同推进不够，与立德树人的要求还存在一定差距。主要表现为：课程目标有机衔接不够，课程教材的系统性、适宜性不强；与课程改革相适应的评价制度不配套，课程资源开发利用不足，支撑保障课程改革的机制不健全等。因此，更深层次地说，迈向 3.0 的学校课程变革是“立德树人”的深切呼唤。

根据笔者多年的观察与研究，对中小学而言，3.0 的学校课程有以下基本特征：一是倾听感，聚焦“原点”，关注学生的学习需求；二是逻辑感，严密的而非大杂烩或拼盘的；三是统整感，更多地以嵌入的方式实施而非简单地做加减法；四是见识感，以丰富学生的学习经历而不以知识拓展或加深为取向；五是质地感，课程建设触及课堂教学变革，教学有效性的提升倚赖课程的丰富与精致。

在迈向 3.0 的学校课程变革旅途中，中小学可以推进以下六个“关键动作”，扎实、深入推进学校课程变革，形成学校课程变革架构，创生学校文化特色。

第一个关键动作，把儿童放在课程的中央，关注儿童的学习需求与兴奋点。

3.0课程是以学习为中心的课程。捕捉孩子们的兴奋点，点燃孩子们的学习热情，满足孩子们的学习需求是学校课程变革的首要议题。

学习需求是学习的动力，是影响学习品质的重要因素。在一所学校，从学习需求的主体看，我们应关注这样三类学习需求：一是所有孩子的共同学习需求，二是一部分孩子的团体学习需求，三是一个特定孩子的个别化学习需求。学校如何采取合理的方式，识别、发现、回应、满足、引导学生的学习需求，促进学生发展，是学校课程发展的关键。从学生学习需求的动态发展变化过程去分析、研究学生的学习需求，在学生学习需求的满足与不满足的动态平衡中去研究学校课程架构才有实际意义。在"回归"意义上，学校课程建设把学习需求放在中央，是以学生发展为本的教育理念的具体反映。

学习需求分析是一个系统化的调查研究过程。我们要通过调查全面了解学生的实际情况。调查的对象可以是群体，如一个班级或教师任教的几个班级、一个年段甚至更广；也可以是个体，如某个特别的学生或两个对比的学生。具体调查方法有问卷调查、访谈座谈、测试调查、案例分析、典型跟踪等。不管哪种方法，主要目的是收集相关数据，整理、分析、判断、发现学生现状中存在的问题，并找出问题产生的原因，以便在课程设计中对症下药，确定解决该问题的必要途径。

当然，我们也要注意区分哪些需求是必须满足的，哪些需求不是非满足不可的，哪些需求是需要引导和调整的。杜威说：教育即经验的改造。面对孩子们，我们要思考的是：是不是所有的经验都可以进入课程？怎样的经验具有满足孩子们学习需求的属性呢？实践证明，经验必须满足以下两个条件才能进入课程：第一，经验必须关注儿童生长，必须把儿童放在课程的中央，真正促进儿童的成长与发展；第二，经验必须具有连续性。经验仅仅新鲜、有趣是不够的，散乱的、割裂的和"离心"的经验，是没有意义的，不能作为课程的有机构成。经过设计的"经验"可以从小到大、从自我生活到公共领域。经过精心"改造"过的经验，可以很好地体现"逻辑结构"与"心理结构"的有机统一。换言之，我们的课程设计应该贴近儿童的学习需求，聚焦孩子们的生长点。

第二个关键动作，建构自己独特的“课程图谱”或“课程坐标”。

丰富的课程比单一的课程更有利于孩子们的人性丰满，这是一个课程常识。如果把课程视为书本，孩子们可能会成为书呆子；如果把课程视为整个世界，孩子们可能会拥有驾驭世界的力量。

课程是一个可延伸的触角。让课程更好地链接生活、链接活动、链接管理以及一切可能的要素，让学校课程纵横交错，能够真正“落地”，这是迈向 3.0 课程变革的关键手法。

为此，每一所学校都应致力于建构自己独特的“课程图谱”或“课程坐标”。在横向上，将学校课程按照一定的逻辑进行合理的分类；在纵向上，将学校课程按照年级分为不同层级，形成一个适应不同年龄阶段孩子的课程阶梯。具体地说，在横向上，重构学校课程分类，让孩子们分门别类地把握完整的世界之奥秘；在纵向上，强调按先后顺序，由简至繁、从已知到未知、从具体到抽象，保持课程的整体连贯。这样，我们就可以形成天然的、严密的学校课程“肌理”，让课程有逻辑地“落地”，有利于克服课程碎片化、大杂烩问题。

总之，如何按照一定的逻辑，理顺学校课程纵向与横向关系是学校课程变革需要审慎思考的问题。让课程真实地存在于特定学制之中、特定年级之中、特定班级之中，让每一位教师可以看到自己在学校课程图谱中的位置，每一个家长可以更清晰地知道自己的孩子在学校将学习什么，未来将发生什么，学校将把孩子们引向何方……一句话，课程是动态的课程，而不是静止的名称。

第三个关键动作，具身学习成为课程最核心的实践样式。

真正的学习应是具身的。换言之，只有个体亲身的经历和体验才称得上是学习。课程从本质上说是一种经验。说白了，课程就是让孩子们体验各种经历，并由此将知识以及其他的各种可能转化为自身的经验，实现自身的“细微变化”。

3.0 的学校课程表现出这样两个特点：一是突出孩子们在课程设计、实施与评价中的主体地位，让他们在课程中释放激情；二是从孩子们的角度出发设计课程，以孩子们喜欢的方式实施、评价以及管理课程。这样，课程不是外在于孩子们的，孩子们本身就是课程的设计者、实施者和评价者。

培根说，知识就是力量。这话只说对了一半，确切地说，具身的知识比离身的知识更有力量，能够勾连起想象力的知识比无想象力的知识更有力量，有繁殖力的知识比无繁殖力的知识更有力量，成体系的知识比碎片化的知识更有力量，被运用的知识比没有得到运用的知识更有力量。课程是有设计、有组织的经验系统。在这里，见识比知识更重要，智识比见识更有价值。

在课程实施过程中，让孩子们采用多样的、活跃的学习方式，如行走学习、指尖学习、群聊学习、圆桌学习、众筹学习、搜索学习、聚焦学习、触点学习……但凡孩子们生活世界里精彩纷呈、活跃异常的做事方式，就是课程实施的可能方式，而不仅仅是所谓的概念化了的“自主、合作、探究”。杜威说：“一切学习来自经验。”实践、沉浸、对话、互动、参与、体验是课程最活跃、最富灵性的身影，也是课程实施的最重要的方法。重视孩子们直接经验的获得，通过一系列的实践活动，扩充和丰富孩子们的经验，是3.0课程的重要表征。

第四个关键动作，课程不再是“孤军作战”，关联与整合成为课程实施的常态。

关联与整合是3.0学校课程变革的关键特征之一。关联与整合强调要以各学科的独立性为前提对课程内容进行多维、多向的组织。这就意味着，我们要打破学科的固有界限，找出课程要素之间的内在联系，关注知识的应用而不仅仅是知识形式，强调内容的广度而不仅仅是深度。在整合的基础上，加强各个学科之间、课程内容和个人学习需求之间、课程内容和校外经验之间的广泛联系。

一般地说，课程整合有两种常见方式：一是射线式整合，即以学科知识为圆点，根据知识的内在逻辑联系而进行多维拓展与延伸；二是聚焦式整合，即以特定资源为主题，根据学习者的兴趣或经验，以加强孩子们与社会生活的多学科、多活动的关联与整合。从表现形式来看，既有“学科内统整”，又有“学科间统整”；既有“跨学科统整”，又有“学科与活动统整”以及“校内与校外统整”等。

课程是浓缩的世界图景。3.0的课程是富有统整感的课程，是多维连结与互动的课程。不论是学科课程的特色化拓展，还是主题课程的多学科聚焦，都应尽可能回到完整的世界图景上来，努力将关联性与整合性演绎得淋漓尽致，让孩子们领略世界的完整结构。

第五个关键动作，学校弥漫着浓郁的课程氛围，自觉的课程文化是变革的结晶。

课程保障条件的落实、课程氛围的营造以及学校文化的自觉生成，是3.0课程变革的重要组成部分。中小学如何落实课程保障条件、让学校课程氛围浓郁起来？有两点建议值得一提：

一是主题仪式化。孩子们对于节日的喜爱源自天性，几乎没有孩子不喜欢“过节”。每个学期开始前，学校可以集体策划、共同商讨本学期的主题节日。如学校可以推出热火朝天的“劳动节”，引导着孩子们动手动脑，学会观察，搞小研究，孩子们以“种植”为主题，选择不同的植物作为研究对象；可以设计绚烂多彩的“涂鸦节”，针对不同年级开展不同的涂鸦活动，以生动有趣的形式来展现审美情趣，表达情感，激发孩子们的创意，让他们增进环保意识；可以创造生机盎然的“花卉节”，带着孩子们走进大自然，感受花卉的美丽绚烂，搜索和花相关的各种诗篇、成语、民间故事，增长见识的同时提升审美情趣；可以拥有别开生面的“晒宝节”，孩子们在全家的支持下开始搜索各种宝贝，如独立寻找自己的钢琴考级证书，在家人的帮助下寻找爸爸、妈妈小时候的照片，奶奶钟爱的缝纫机，爷爷的上海牌手表等。当然，我们还可以生成趣味无穷的“游戏节”、传递温情的“爱心节”、开阔眼界的“旅游节”……对于孩子们来说，校园节日是难能可贵的课程。

一句话，学校精心准备、周密策划，充分发挥全体教师的智慧与才干，开发具有时尚、艺术、娱乐等元素的、孩子们喜欢的校园节日，将德育活动通过一个个校园节日展现出来，让丰富多彩的节日活动吸引孩子们，让浓郁的课程文化给孩子们的校园生活留下美好的回忆。

二是空间学习化。迈向3.0的课程善于发现空间的“意义结构”，它常常以活跃的空间文化布局诠释“空间即课程”的深刻内涵。现在，我们有很多学校已经意识到了“空间课程领导力”的价值。诸如以下一些做法都是值得我们赞赏的：1. 办学理念视觉化、具象化，充分展示一所学校的文化气质；2. 办学特色课程化、场馆化，让办学特色成为课程美学;3. 教室空间资源化、宜学化,让每一间教室都释放出生命情愫;4. 图书廊馆特色化、人性化,让沉睡的图书馆得以唤醒;5. 食堂空间温馨化、交往化,让喧闹的餐厅不仅仅可以就餐;6. 楼道空间活泼化、美学化,让孩子们转角遇见另一种美……如何最大限度地让校园空间成为课程的有机组成部分,如何最大限度地让每一个物理空间释放教育能量,如何突破教室和校园围墙限制,让社区、大自然和各种场馆成为课程深度推进的生命空间,是3.0课程的美好期待。

这意味着,我们应当超越对空间的一般认知,重塑空间价值观念,提升空间课程领导力。通过设计、再造、巧用空间的"点、线、面、体",促进学校课程深度变革。我们应从实践美学的视角,重新发现学校空间的课程内涵,清晰定位学校的办学愿景、办学理念、内涵特色和育人目标,把无形的教育理念转变为有形的课程空间,通过深入分析学校的内涵发展、办学特色、课程理念,以及学生的多元学习需求,研究不同课程教学活动对空间的功能诉求,从物理设施、学习资源、技术环境、情感支撑和文化营造等维度上,对空间功能进行整体再构和巧妙运营,将课程理念转变为看得见的空间课程,让空间最大程度地满足不同学生的多元化发展需要。

总之,课程是一种文化范式。推动基于课程向度的仪式创意与空间设计,关注学习方式的多变性和场景性、学习时间的灵活性和可支配性、学习空间的多元性与舒适性、学习资源的丰富性和易得性,让所有的时空都释放出教育价值,让所有的时空都成为课程场景,让孩子们学习作品的形成、展示、发布、分享成为校园里最美丽的景观,让时空展示出生命成长的气息和活性,这是3.0课程的美好图景之一。

第六个关键动作,聚焦儿童的成长与发展,让课程表现出鲜明的回归属性。

3.0课程变革具有鲜明的回归属性:无穷点的多维连结聚焦到人的完整发展与灵性生长,回归到"教育即解放"这一"原点"上。

众所周知,课程与儿童的关系是一个既古老又年轻的话题。说它古老,是因为自从有了学校教育,有关课程与儿童的讨论便应运而生,历史上每一次课程改革都必然伴随着儿童观的思考;说它年轻,是因为随着时代的发展,这个问题会表现出新的形态与新的内涵。可以说,"让课程回归儿童"是3.0课程的必然选择。

当前，我们有很多学校在处理课程与儿童的关系问题上显示了高超的艺术与纯熟的智慧：课程目标设计过程凸显内在生长的视角，课程内容设计方面突出课程内容的生命活性，课程结构把握强调纵横交错的系统思维，课程实施探索强调具身学习的人本立场，课程评价与管理彰显儿童的主体地位。

课程即独特的生命体验。一百个孩子，一百个世界。每一个孩子对世界的认识都不一样，课程就是要认可每一个孩子的生命体验，并尊重他们的选择和体验。课程也是可选的发展标志。每一个孩子都有自己的发展高度，每一段路都是一个人生标杆，每一段经历都是一个人生标杆。课程就是要依据孩子的不同实际，开发适合他自己的独特的"生命图景"，让课程真正回归儿童。

说到这里，不由地想起美国课程学者小威廉姆 E·多尔提出的以 Rich（丰富性）、Recursive（回归性）、Relational（关联性）和 Rigorous（严密性）的"4R"课程设计理路，让学校课程变革更符合生命成长的诗性节律。我的推想是，迈向 3.0 的学校课程变革是不是在践行"4R"的课程追求呢？是不是在推进基于文化自觉的课程变革呢？答案是肯定的！

杨四耕

2016 年 11 月 15 日于上海市教育科学研究院

目 录

教育要使儿童的个性得到健康发展，最重要的是给予其“无条件的积极关注”。诚如苏霍姆林斯基所言：“爱，首先意味着奉献，意味着把自己心灵的力量献给所爱的人，为所爱的人创造幸福。”教育无条件地给予儿童关注、喜爱、尊重或者认可，使儿童无论做什么，都能得到他人的关怀、热爱和尊重。

每个孩子都是天生的科学家。在自然角里，每天都会有一群孩子围观蚕宝宝、小蚂蚁、小乌龟、小鱼儿；在美工区内，孩子总喜欢把各种颜色混合在一起；在建构区内，总有孩子兴奋地把“城堡”推倒；在沙水区内，每个孩子都能玩得不亦乐乎。孩子们看似在玩乐，实际上，孩子们在用他们的方式感知世界，理解科学，其过程和“牛顿试图解释地球引力与重物下降关系的过程”并没有本质的区别。

第三章　游戏与娱乐课程：享受与孩子们共同游戏的愉悦感　/ 061

席勒曾经说过："人类在生活中要受到精神与物质的双重束缚，在这些束缚中就失去了理想和自由。于是人们利用剩余的精神创造一个自由的世界，它就是游戏。这种创造活动，产生于人类的本能。"游戏是基于幼儿内在需求的自发自主性活动。教师是"观察者"，从"解决游戏中的问题"的转向"理解幼儿的游戏行为"；教师是"支持者"，更多地尊重幼儿的想法，支持幼儿的创造行为，满足幼儿的需求，享受与幼儿共同游戏的愉悦感。

卢梭曾经说过：“身体必须要有精力，才能听从精神的支配。”“如果你想培养你的学生的智慧，就应当先培养他的智慧所支配的体力。”是啊，“健全精神寓于健康身体”。为此，我们根据每一个孩子的学习特点和发展需求，为每一个孩子订制个性化、配方式运动课程，让每一个孩子获得一份明确的“运动课程标准”，促进儿童动作和体能的全面发展。

陶行知先生曾说："过什么样的生活便是受什么样的教育。"过好的生活，便是受好的教育，过坏的生活，便是受坏的教育。如果你过的是劳动的生活，接受的就是劳动的教育，艺术的生活便是艺术的教育，科学的生活就是科学的教育。生活是教育的本原，也是教育的归宿。可以得出的结论是：一切生活都是课程，一切课程也都是生活，有什么样的生活，就有什么样的课程。如果课程远离生活，如果课程只是获取知识，聚集事实，那么人类将不能够了解生活的意义和价值。

生活中时时、处处都有“美”的存在与发生，艺术教育的现场就是生活。当我们把艺术还原到儿童的生活，艺术教育再也不是独立的点状活动，而是相互关联、持续演进的生活过程本身。通过多种生活形式，通过与环境的充分互动，艺术教育便可以摆脱枯燥无味的训练，从被动表达走向自主表现，它带着生活的温度，带着情感的流露，是美学圣殿里的生命旅程。

序

美国课程专家泰勒指出：课程是“教育事业的核心，是教育运行的手段。没有课程，教育就没有了用以传达信息、表达意义、说明价值的媒介”。正因为如此，课程在教育活动中起着决定性作用，课程改革历来是教育改革的核心，它集中体现了孕育于教育改革中的新思想与新理念，并成为教育新思想、新理念贯彻落实的抓手。拜读了嘉定新城实验幼儿园陆晔园长的书稿，再加上数次与陆园长的交流互动，我为陆园长以课程改革为突破口引领幼儿园建构“MY课程”所体现的教育思想称赞不已，为“MY课程”的建设之路感动不已，也为“MY课程”建设的成果欣喜不已。借此承蒙信任为书稿作序之契机，谈谈自己对该园课程改革及“MY课程”建设的体会和感受。

首先，我为陆园长及其团队对幼教事业及幼儿园课程改革的敬业精神所深深打动。溯源而上，其实从2015年《满足幼儿发展需求的“MY课程”实践研究》的市级课题正式立项算起，“MY课程”至今只有三年的研究时间。然而就在这短短的三年历程中，以幼儿发展需求为导向，旨在激活幼儿个体潜能，促进幼儿整体及个性和谐发展的“MY课程”，在陆园长的领导下已现雏形、付诸书稿，并在全市享有一定的知名度，如此的课程建设速率及成效实属不易，而这份收获背后与陆园长及其团队积极投入幼儿园课程改革的洪流中，以及为此而付出的奉献与钻研精神是密不可分的。

其次，我为陆园长作为幼儿园管理及领导者而表现出的强烈、敏感的课程意识所深深折服。通过阅读书稿，我了解到“MY课程”源于幼儿园前一轮对《基于每个幼儿充分发展的教育过程公平实践研究》中有关教育公平的反思，在课题研究追求的公平教育实践的过程中，陆园长认识到公平意味着民主，人人能享受高质量的教育，努力做到教育的过程能够适合每一个幼儿的特点和需要，满足幼儿多元化的学习与发展需求。该反思深刻，与联合国教科文组织在《学会生存》报告中所指出的观点一脉相承："机会平等是要肯定每一个人都能受到适当的教育，而且这种教育的进度和方法是适合个人特点的"，个人的特点不同，学习与发展的需求亦有差异，不顾幼儿差异化发展需求的"齐步走、一刀切"的传统教育方式无法给予幼儿公平的教育，无法使每个幼儿获得充分的、自主发展的机会，又何来国家所要求的保证幼儿享有有质量的教育呢？为此，幼儿园继续申报并开展了《满足幼儿发展需求的"MY 课程"实践研究》市级课题。伴随课题研究过程，将研究成果及时转化为课程这一物化成品，以课程为中介和载体，将公平而又有质量的教育思想和理念转化为课程实践。"MY 课程"建设运用了以课题研究为引领带动的有效课程开发策略，从而表现出陆园长敏感、强烈的课程意识。我们认为，只有在日常教育实践中强化课程意识，抓住课程这一核心，才能将幼儿园教育改革及相关教育理念得以贯彻落实。

再次，我也为陆园长作为课程领导者的先知先觉及课程建设中关键领导能力的有效发挥而留下深刻印象。

就园长的课程领导而言，首先是课程价值的领导，园长的课程领导力首先应表现为课程价值的领导力。因为课程价值取向是幼儿园课程的核心，课程价值取向问题是幼儿园课程建设的出发点。课程价值取向不同，设计和实施的课程就会有很大的差别，课程的功能也就有不同的表现。一言以蔽之，幼儿园课程建设的质量及生命力首先取决于园长在分析当今课程政策与精神及办园理念的基础上，对本园课程价值取向的适宜判断与定位，以及继而对教师课程价值取向与理念的引领。回顾 2001 年开始的基础教育新课程改革，确立了"为了每一个学生的发展"的价值取向，关注并促进学生的发展成为包括学前教育在内的基础教育课程改革的出发点和归宿。这其中，对学生发展内涵的理解包括了社会价值及个体价值、整体及个性的和谐统一，突出和体现以往被忽视的学生的个性发展。在"学生为本"的新课程改革价值取向下，嘉定实验幼儿园"MY 课程"的建设进程首先始于陆园长结合课题研究成果对幼儿园课程价值取向的先知先觉及适宜的判断定位，体现为对本园课程价值的科学决断力和引导力。具体而言，“MY课程”建设的最终目的在于促进幼儿的发展，旨在让课程关注并满足每一位幼儿的发展需求，与幼儿的发展需要相适宜，帮助幼儿建构有益经验，以促进幼儿整体及个性的协调发展，“让每一个生命绽放精彩”。这正如我国著名教育家蔡元培先生1919年在《教育之对待的发展》一文中曾指出的：“盖群性与个性的发展，相反而适以相成，是今日之完全人格，亦即新教育之标准也。”“MY课程”建设中，也努力做到让幼儿园的课程价值在面向每一个幼儿、促进幼儿整体协调发展的同时，能够兼顾幼儿个性的培养，实现人的全面发展与个性发展的和谐统一，达成幼儿人格的完善，充分反映了一种科学、合时、宜性的课程价值取向。

在对“MY课程”价值领导的基础上，陆园长从科学、合时、宜性的“MY课程”价值取向出发，还发挥出专业有素的课程领导力，尤其表现为与“MY课程”价值取向相匹配的课程规划与设计的领导能力。早在1996年，全美幼教协会（NAEYC）就提出了发展适宜性教育（DAP）的立场声明，提倡早期教育实践要做到与儿童的年龄、个体特点相适宜；2009年修订后，发展适宜性教育在以上两大适宜性的基础上，又提出了早期教育实践还要做到文化适宜性，与儿童相处的文化特点相适宜。该教育观一度影响了美国及包括我国在内的世界各国幼儿教育实践，即以儿童作为幼儿教育及课程决策的基础。嘉定新城实验幼儿园陆园长的“MY课程”规划与设计力，首先充分体现了全美幼教协会提出的这种“儿童中心”的人本主义课程设计取向及策略，做到与幼儿园的关注、满足幼儿需求、促进幼儿整体及个性协调发展的价值取向相吻合。因为“儿童中心”的概念，强调每个儿童都有其独特的个性、兴趣、能力、文化背景和学习需要。由儿童不同的特性、兴趣、能力和文化背景等引起的学习需要之间存在差异是正常的，课程的设计应视差异为一种价值，帮助教师据此来设计适宜的课程以适应儿童的需要，通过需要引发儿童的动机及行为，从而得以有效促进儿童的发展。为此，“MY课程”秉承人本主义课程设计取向，以幼儿的发展需求为导向进行设计，在设计策略上首先着力于满足全体幼儿在后继终身发展中所应获得的基本经验的共同需求，同时，也兼顾满足幼儿不同的兴趣及发展水平差异而导致的小组及个体的独特需求，充分尊重儿童需求的多样性及个别性；而且，课程设计中对于幼儿发展中的共同需求及多元而独特需求的认识，能够帮助幼儿园从幼儿的视角出发，关注和发现幼儿作为一个生命体成长发展中的内在的、本能的自发需求；同时，认识到教育作为社会发展的产物，不应只是被动适应幼儿自发的内在需要，考虑到幼儿作为一名教育对象在课程目标及发展目标框架下，对照国家、地方和社会提出的儿童发展预期结果而形成的外在的、合理的教育需求，从而做到幼儿个性发展和整体发展的协调统一。为此，陆园长带领团队努力做到"MY 课程"规划和设计中经纬纵横地关注幼儿的需要，经线满足幼儿学习与发展中的共同、小组多元及个体独特的不同形式与类型的需求，纬线满足幼儿学习与发展中的内在自发及外在合理的不同维度与类型的需求。从以上需求的内涵出发，陆园长的"MY 课程"规划与设计力还体现在带领团队系统地、逻辑一致地考虑和制定"MY 课程"的基本要素及相应的实践。呼应"让每一个生命绽放精彩"的办园理念及"唱响自己、个性成长"的课程理念，幼儿园制定了相应的具有园本特色的课程目标，在课程宏观结构上科学合理地架构了与需求满足为导向的基础性课程、菜单式课程及阶梯微课程这三大课程体系，明确了课程体系在目标实现中的既各自独立及相互补充的课程功能；同时，赋予"MY 课程"结构相当的可选择性、自主性及适应性，最大限度地满足幼儿学习与发展的需求。从架构的课程结构出发，基础性课程的普适性内容及实施结合本园课程价值取向和理念做到了园本化，重点依据幼儿四类活动基本经验获得的共同发展需求及个体内在探究、自主等本能需求来选择课程内容，形成与幼儿需求相适应的园本化"我的生活"、"我的运动"、"我的游戏"及"我的学习"四类活动，其中，安排了较有特色的内容项目化的学习活动、四十分钟的自主游戏与自由活动（二十分钟户外探索、十分钟自主阅读、十分钟自由谈）等内容。菜单式课程内容从共同生活、探索世界、表达表现的分类维度出发设计，立足于满足幼儿的多样兴趣、多元需求和个性化需求，提供幼儿能够自主选择、自我发展的丰富、生动的活动。阶梯微课程内容则针对满足个体幼儿持续发展中表现出的独特需求而设计，重点考虑个体幼儿外在的、合理的发展需求满足所导向的小型课程。此外，根据课程理念与目标，"MY 课程"的实施也独具园本特色，遵循"客观观察与调查分析、精准把握幼儿需求→按需灵活设置和调整课程内容与实施→真实评价幼儿发展进程、调整完善课程”的过程，并开辟弹性空间鼓励教师课程实施过程中及时关注回应幼儿活动中生成的各种需求；同时，通过持续的对课程方案、课程实施及幼儿发展的评价不断动态调整和完善所架构的“MY课程”。总之，“MY课程”的规划和设计体现出园长专业的课程领导能力，指导本园教师在“MY课程”实践中能够最大限度地关注和满足幼儿的发展需求，从而激活幼儿发展的潜能，促进幼儿在整体协调发展的同时，幼儿的个性得到尊重和张扬。

再回首，上海市幼儿园课程改革迄今已走过三十年的历程，幼儿园课程建设通过这场改革也发生了重大深刻的价值取向、理念及实践的一系列变革。其中在三级课程管理体制下，涌现了一些以幼儿发展为本的幼儿园课程建设典范。在此，嘉定实验幼儿园“MY课程”又似吹来的一缕改革春风，让我们充分感受了整个上海幼儿园课程实践中所发生的这样一种人本主义的变革，即将儿童置于幼儿园课程建设的核心，将儿童生命成长发展中的基本、多元及个性需求作为课程设计及实施的原点，将促进儿童发展作为幼儿园课程建设的根本目的。时至今日，嘉定新城实验幼儿园的“MY课程”特色凸显，成果丰硕。在祝贺之余，我愿意与嘉定新城实验幼儿园的陆园长及教师们共勉，共同为上海市幼儿园课程改革贡献一份智慧与力量。因为古往今来，儿童中心的人本主义课程设计取向不同于学术中心及社会中心的设计取向，其最大的不足在于操作性差、计划性不强，特别是相对我国幼儿人数多、班级规模大的国情而言，如何在实践中精准把握幼儿的各种丰富的内外在发展需求，及共同、小组与个别化的发展需求来构建相应的课程有效促进幼儿的个性发展，这对教师的挑战性很大。期待嘉定新城实验幼儿园能在陆园长的领导下，从教师专业发展的角度入手，依据《3—6岁儿童学习与发展指南》，不断提高观察与评价基础上的幼儿发展需求判断与分析能力，提升以幼儿发展需求为导向的“MY课程”设计及实施水平，更好地促进“唱响自己、个性成长”的课程理念落地，让“每个生命绽放精彩”。

上海师范大学　高　敬

2018年5月8日

前　言

面向每一个心灵的课程

我们认为，每个幼儿都是不一样的，都有独特之处；同时，幼儿具有巨大的潜能，“教育包括培养和发展一个人全部潜能的教养过程”。可见，教育的使命是发现和挖掘每个孩子的天赋潜能，尊重幼儿的独特性，为他们的个性发展提供既均等同时又不失针对性的机会，让每个生命绽放精彩，成为独一无二的“自己”。

基于以上的理念，2010 年，我园开展了《基于每个幼儿充分发展的教育过程公平实践研究》的课题研究。通过实践研究，让每一名幼儿在保教活动中都获得同等发展的条件和机会，都能通过活动发展潜能，达到最好的发展水平。在研究过程中，“为了每一个孩子”的教育理念逐渐被教师所认同。

与此同时，通过研究我们发现，落实公平教育的关键在于给予每个幼儿与其发展需求相匹配的教育，也就是说公平教育追求的不应是一刀切的“大一统”齐步发展，而是因人而异的差异化适切发展。因此，2015 年，我们申报市级课题《满足幼儿发展需求的‘我的课程’实践研究》，获得立项。

在新一轮的研究中，我们将研究视角聚焦于幼儿的发展需求上，分析研究幼儿的共性、群性和个性的发展需求，对幼儿园的基础性课程进行了重构与丰富，逐步形成了以**“唱响自己、个性生长”**为核心的课程理念；以**“尊重幼儿的主动选择，满足幼儿的丰富需求，发展幼儿的有益经验”**为核心的课程实施原则，构建旨在满足我园幼儿学习与发展需求的“MY 课程”体系。

一、“MY 课程”的内涵与特点

（一）“MY 课程”的内涵

“MY 课程”是立足每一个幼儿的个性化成长与发展，在充分把握幼儿生理、心理发展特点和规律的基础上，以发展需求为导向而设计的课程。“MY 课程”的架构立足幼儿本位的课程价值观，关注幼儿个体作为一个生命体在自身学习与发展中的内在自然需求，注重幼儿的个性发展和创造性表现，给予幼儿按照自身的学习方式参与活动的时间和空间。因此，在“MY 课程”的框架下，教师要深入了解班级每个幼儿，包括幼儿的气质、性格、学习方式、优势智能等等，从幼儿内在的、基本的需求出发以及从幼儿发展水平基础及发展目标出发的外在的、合理的需求出发，思考课程的设计和实施。

“MY 课程”的价值取向改变了以往以教师的“教”为主的课程设计及实施的惯性思维，打破了教师统一步调设计及实施课程的局面，实现了“教师”视野到“幼儿”视野的转化。从教师的“教”真正转移到幼儿的“学”上，从而使课程设计和实施真正满足幼儿的需要和兴趣，而不是贯彻教师的主观意志。

（二）“MY 课程”的特点

一是针对性，也就是基于精准调研的课程设计。以满足幼儿发展需求为导向的“MY 课程”设计，首先需要教师真实客观地把握幼儿的发展需求，变以往基于经验的主观了解为基于数据的客观研究。只有通过科学的观察、调查、谈话等方法来分析研究幼儿不同层次、不同类型的发展需求，才可能有针对性地规划课程，为每一个幼儿提供适宜、优质的教育。

二是灵活性，也就是开辟弹性空间保障课程实施。幼儿的发展需求种类多样而富有个性。面对一个个灵动的生命个体，我们的课程实施应该是一个具有开放灵活性的运作体系，而不是封闭统一的从目标出发又回到目标的线性运作体系。以往千人一面的"大一统"线性课程实施，淹没了幼儿发展的个性，不同幼儿在同一时间以同一方式接受同一内容，这显然无法满足幼儿个体发展的需求。只有开辟弹性空间才能让幼儿的个体需求获得发现并满足。

三是动态性，也就是通过持续的过程性评价不断动态调整和完善"MY 课程"。"MY 课程"的构建中，我们通过贯穿始终的过程性评价来及时了解、发现和挖掘每一个幼儿的优势潜能及相应的发展需求，并通过适宜的课程来弥补幼儿弱势区域的发展需求，最终促进幼儿的整体和谐发展。此外，幼儿的发展是一个不断发展变化的过程，具有鲜明的动态性特点，以幼儿需求为导向的"MY 课程"构建要顺应幼儿需要的变化，也必须呈现为动态性，及时进行课程内容及实施的调整，并辅以过程性、形成性的评价，让课程的构建和后继的运转形成螺旋上升式的良性循环。

总之，基于幼儿学习与发展需求的"MY 课程"需要经历客观调查分析、精准把握需求——按需灵活设置和调整课程内容和实施——真实评价幼儿发展的进程、调整完善课程建构的过程，才可能从根本上改变以教师的"教"一统天下的固有局面，逐渐走向以幼儿的学习为核心的课程建设，让"每个生命绽放精彩"的办园理念才能最终落地、生根，直至枝繁叶茂。

二、"MY 课程"的要素

在对"MY 课程"内涵和特点深度解读的基础上，我们开始了一系列的研究和实践，逐步把"MY 课程"的理念渗透在真实的教育场景，贯穿于教师的教育行为中。我们首先对幼儿需求、课程实施及课程资源利用情况进行现状调查。在此基础上，开展基于幼儿需求的"MY 课程"规划的研究，具体包括，"MY 课程"理念、目标、结构与内容、实施及评价。

(一) 课程理念

幼儿园立足"让每个生命绽放精彩"的办园理念，提出让每个幼儿"唱响自己，个性成长”的课程理念。具体而言，“MY 课程”遵循幼儿发展内在的、固有的规律，满足每个幼儿对学习与发展的需求，赋予幼儿自主选择和主动成长的权利。注重让幼儿得到全面和谐发展的同时，还注重对幼儿个体潜能的挖掘和个性特点的彰显，使幼儿焕发生命活力，实现个性及整体的协调发展。

（二）课程目标

在深入解读《3—6 岁幼儿学习与发展指南》、《上海市学前教育课程指南》的基础上，我们通过轶事记录、儿童行为的时间取样和事件取样以及行为检核等方法，在常态教育活动中持续收集幼儿的行为表现，与国家指南进行对照，从中梳理和归纳本园幼儿共同的发展需求、部分幼儿的发展需求以及个体幼儿的发展需求。在此基础上，我们形成了符合我园幼儿发展特性的“MY 课程”目标。

我们期望通过“MY 课程”的实施，让幼儿做自己生命的主人，发挥自己的个性，成为“愿交往、乐做事、喜探究、有主张”的活泼健康的和谐全面发展的儿童。

课程的具体目标为：

1. 愿意主动交往，适应群体生活，能合作。初步了解并遵守共同生活所必须的规则，体验并认识人与人相互关爱与协作的重要和快乐；

2. 会自理，能助人。初步形成文明卫生的生活态度和习惯，独立自信地做力所能及的事，有初步的责任感；

3. 好奇善问，爱观察；能亲近自然，接触社会。初步了解人与环境的依存关系，有认识和探索的兴趣，并具有一定的探究能力；

4. 会思考、敢质疑。能积极地尝试运用语言及其他非语言方式表达和表现生活，具有一定的想象力、创造性和自信心；

5. 积极活动，增强体质，提高运动能力和行动的安全性。

（三）课程结构与内容

在对幼儿发展需求进行研究时，我们认为幼儿的发展需求可以分为两大方面。一方面，需求是幼儿作为一个生命体自然生长发展的内在基本需要，是受幼儿内部动机驱使的，比如幼儿对生理、安全、归属感、社交、探究、表达的需求。另一方面，需求是成人基于幼儿终身发展的教育目标轨道对幼儿学习与发展需要进行的合理判断，认为幼儿朝向目标，达到预期发展的合理教育需求，是受外部动机驱使的。当幼儿内在的发展需求和成人判断的合理教育需求相整合并得到同时兼顾时，幼儿就会获得最大效益的发展，但是当幼儿的发展需求和成人判断的发展需求冲突时，幼儿便会失去对自身发展的自主感和掌控感。“MY 课程”结构就是结合幼儿发展的内在基本需求及成人判断的合理的幼儿发展外在需求进行整合构建的。

通过进一步的研究，我们发现，幼儿的发展需求，无论是内在的基本需求还是着眼于幼儿终身发展的合理的外在需求，都具有共同性、多元性和独特性的特点。

共同性是指处于生命体发展的幼儿期，儿童有其一般性、典型性和本质性的身心发展需求。幼儿发展需求的共同性要求“MY 课程”内容要科学均衡，确保满足幼儿阶段每个幼儿的基本发展及兼顾其终身发展的教育需求。多元性是指幼儿生长中的发展需求是内容丰富、种类多样的，而即使有相同的发展需求时，其外在的表现也是多样的。幼儿发展需求的多元性要求我们的“MY 课程”内容要有充分的可选择性，能够兼顾幼儿发展需求的多样性及个体对发展需求反应的多样性。独特性是指每一个幼儿在发展速度、发展优势领域和发展的最终水平上都会表现出自身的特点，故其发展需求就表现出较大的个体差异性。幼儿发展需求的独特性要求“MY 课程”要满足不同个体幼儿特有的、差异化的发展需求。为此，根据对幼儿发展需求的共同性、多元性和独特性的特点，我们将“MY 课程”体系分为基础性课程、菜单式课程、阶梯微课程三大类。基础性课程主要满足幼儿发展的共同性需求，菜单式课程主要满足幼儿发展的多元性需求，阶梯微课程主要满足幼儿发展的独特性特点；但在实际构建课程内容体系中，每一类课程在兼顾其针对的幼儿发展需求特点外，同时还兼顾到幼儿发展需求的其他特点。

1. 基础性课程

基础性课程是满足全体幼儿学习与发展的共同需要，为其终身发展提供基本经验

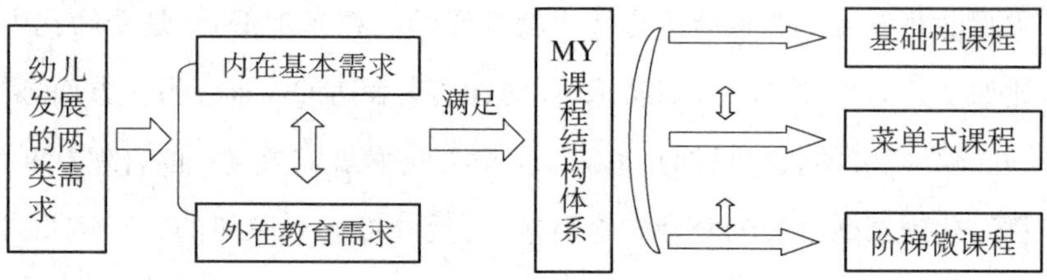

图 1　幼儿发展需求导向的"MY 课程"结构设计思路图

而设置的课程，多指向幼儿的共同性需求，以上海市二期课改的共同性课程为蓝本。但同时，也兼顾到在共同性需求下每个幼儿学习与发展的多元及独特需求，赋予幼儿自主选择和主动成长的权利，让幼儿得到全面和谐及不失个性的发展。由此，基础性课程分为"我的生活"，"我的游戏"，"我的运动"和"我的学习"四类活动。因此，"MY 课程"的基础性课程研究主要聚焦四类活动的组织形式，从满足每个幼儿发展外在合理教育需求及内在需求的角度出发，思考如何创新实施四类活动，让每个幼儿都能在切身体验和亲手操作中经历有意义的学习。

（1）"我的生活"

"我的生活"是指生活自理、交往礼仪、自我保护、环境卫生、生活规则等方面的活动，旨在一日活动的各个环节中根据幼儿上述方面的内在需求及基本经验获得的外在适宜需求，给予每个幼儿自主选择和主动做事动手的机会，让其在真实的生活情境中自主、自觉的发展各种生活自理能力，形成健康的生活习惯和良好的社会交往行为，在共同的生活中能够愉快、安全、健康的成长。

（2）"我的游戏"

"我的游戏"是指幼儿自发、自主、自由的，能够充分满足幼儿各种内在游戏与发展需求的活动。游戏活动有其独有的特征：不受外在目标控制，是一种内在动机性的活动；游戏者自主，是一种选择自由度很高的活动；表现已有经验，是一种力所能及的活动；注重过程体验，是一种不在意结果的活动；假象的、非正式的、是一种不受评价约束的活动；体验积极情感，是一种充满安全感、胜任感、成就感的活动。

游戏活动的特征决定了教师必须尊重幼儿游戏的权利，给予幼儿自由的游戏空间，支持幼儿根据游戏需求及自我发展需求自主选择游戏主题和游戏材料，鼓励幼儿自由选择同伴，自主把控游戏进程。教师的角色定位为幼儿游戏的观察者、支持者和引导者。教师的主要任务是观察幼儿的游戏，判断幼儿的游戏需求及发展需求，在适当的时机给予幼儿工具、材料或是提供意见。

(3)“我的学习”

“我的学习”主要是围绕语言、数学与科学探索、艺术等五大领域、基于幼儿基本经验获得的教育需求及幼儿自主探究本能需求而组织的高低结构活动。

“我的学习”高结构活动主要包括五大领域的幼儿基本经验获得的共同教育需求而开展的主题教学活动。“我的学习”低结构活动主要包括主题下的各领域个别化学习活动及项目化学习活动，主要指向幼儿生命体与生俱来的制作、探究等本能需求。

(4)“我的运动”

“我的运动”旨在为每个幼儿提供适宜其运动发展水平的指导，帮助幼儿提高身体素质、动作协调能力和适应环境的能力，为幼儿健康的体质奠定基础。

2. 菜单式课程

菜单式课程是满足幼儿的多样兴趣、多元需求和个性特长，给予幼儿多样学习经历的课程，多指向幼儿群性的需求。在深入调查和分析我园幼儿个性发展需求的基础上而开设的种类丰富的、可自主选择的菜单式课程，促进幼儿自主、主动地获得多元、个性化的富有个性地发展。

了解幼儿的兴趣所引起的个性发展需求是菜单式课程的关键，因为幼儿的个性发展需求往往是由兴趣直接引起的。为此，研究过程中，教师通过三方力量明确幼儿的兴趣，精准把握幼儿的个性发展需求。一方是家长，教师通过向家长调查了解幼儿平时的兴趣爱好；一方是教师，教师通过日常活动中对幼儿的观察，分析幼儿的兴趣爱好；一方是幼儿本身，教师征求幼儿意见，从而最终确定幼儿的选择。

在明确幼儿的个性需求之后，我们对幼儿园现有的课程资源进行了整合，按照幼儿的个性需求重新梳理，形成菜单式课程资源库，为幼儿提供可选择的多样学习活动内容，给予幼儿多样的学习经历。菜单式课程主要包括共同生活、探索世界及表达表现三大维度。

共同生活包括小厨师，满足幼儿对自主生活以及自理生活相关的需求，自我服务能力，感受生活的乐趣。探索世界包括小小探索者，满足幼儿对周围事物的探究需求，培养幼儿探究精神以及问题解决能力。表达表现包括小演员，满足幼儿通过戏剧的形式表现自己感受、想象和创造的需求，帮助幼儿感知文学艺术的美；小画家，满足幼儿在美术表现方面的兴趣，帮助幼儿积累多种美术表现经验；小乐队，满足幼儿对音乐的欣赏以及通过各种乐器表现自我的需求，帮助幼儿认识和学习常用乐器，感受音乐的美；小小设计师，满足幼儿艺术表现个性发展需求，培养幼儿的审美情趣。

3. 阶梯微课程

阶梯微课程是满足个体幼儿持续发展的独特需求而设置的课程，多指向幼儿个体的需求，通过具有针对性的、可操作性的个别化的小型课程，帮助个体幼儿获得最大效益的发展。

（四）课程实施

“MY 课程”实施以“尊重幼儿的主动选择，满足幼儿的需求体验，发展儿童的有益经验”为总体原则。遵循“客观调查分析、精准把握幼儿需求→按需灵活设置和调整课程内容和实施→真实评价幼儿发展进程、调整完善课程”的总体过程。各类课程在具体实施时灵活结合自身的功能和特点，确定实施的形式和方法。为此，我们提倡把“MY 课程”实施的自主权下放给教师，同时提供动态调整班级计划的指引。

1. 基础性课程的实施

（1）我的生活

“我的生活”课程实施教师首先调查了解家庭养育方式和幼儿家庭表现情况，结合在园生活中的观察，了解幼儿生活自理、交往礼仪、自我保护、环境卫生、生活规则等方面养成的需求，确定差异化的培养方案。

如课程实施中，我们发现，幼儿在生活自理方面积累的基本经验很大程度上受家庭养育方式的影响。每个家庭的养育方式千差万别，从大类上可以分为三类：

- 直接代办型

抚养者没有给予孩子探索生活自理方式的时间和空间，直接代替孩子完成各项生活事件。如此养育方式会导致孩子缺乏生活自理能力，不能适应幼儿园一日生活的节奏。

- 冷漠忽略型

抚养者不会关注孩子生活习惯的养成，更不会有目的地帮助幼儿养成良好的生活习惯。这样的养育方式会导致孩子养成很多不良的生活习惯。

- 民主权威型

抚养者会带着明确的目标参与到孩子的生活习惯养成中，会给予孩子尝试和探索的时间和空间，并教给孩子生活自理的方式方法。通过这样的养育方式，孩子会养成良好的生活自理习惯，并且敢于尝试和挑战自己不熟悉的生活活动。

基于上述的分析，我们开展了“我的生活自理能力”活动。首先，我们通过访谈家长、发放家长问卷的方式了解家长的养育方式以及幼儿在家情况。此外，我们通过幼儿生活自理能力观察表对班级幼儿的生活自理情况进行观察，按照能力强弱将幼儿分为三大组。结合幼儿在园情况以及在家表现，最终确定幼儿生活自理能力培养方案。对于生活自理能力有待提升的幼儿，我们通过家园共育的方式对其进行重点培养。包括定期召开家长会，向家长宣传科学的育儿观念以及正确的育儿方法；制定幼儿个人生活小计划，在吃饭、盥洗、洗手、穿衣等环节对幼儿进行个别指导；形成追踪观察计划，对幼儿生活自理能力的发展定期观察，了解幼儿在家庭以及幼儿园的具体表现，为后续调整教育方式提供依据。经过基于现状观察、解读幼儿生活需求、家园共同配合的活动形式，各班级幼儿的生活自理能力得到了显著的提升。

（2）我的游戏

“我的游戏”课程实施教师重在观察幼儿游戏，解读幼儿游戏行为，判断并把握幼儿游戏需要及内在发展需求，在适当的时机通过给予幼儿工具、材料或是提供意见来支持幼儿的游戏。

在实施“我的游戏”活动中，我们特别强调对幼儿游戏的观察。我们认为，在自由自在的环境中，幼儿能够充分表现其兴趣和需求。他们会根据自己的游戏需要选择材料和工具，通过对幼儿选择的材料和工具的观察，我们可以了解幼儿的操作需求；他们会通过协商、沟通和分工等方式进行合作，通过对幼儿合作情况的观察，我们可以了解幼儿的社交需求；他们会观察、摆弄、组合各种材料，通过观察幼儿对材料的使用，我们可以了解幼儿的探究需求。游戏之于幼儿的深刻意义为我们观察和满足幼儿发展需求提供了重要依据。

(3) 我的学习

“我的学习”关注幼儿在学习方式、发展水平特点上的个体差异，分析幼儿内在及外在发展需求并提供多元活动形式及阶梯式指导，为每个幼儿的主动探索、积极体验和个性化表达创造条件。

在幼儿学习的过程中，我们关注幼儿个体差异，基于幼儿的年龄特点和学习方式的不同，研发了丰富多彩的活动形式：对话式讨论、视听欣赏、动手操作(实验)、实地参观(考察)、信息搜集、创意表达(表现)等活动。同时，结合活动中的观察分析，为不同发展水平的幼儿提供阶梯式指导，为每个幼儿的主动探索、积极体验和个性化表达创造条件、提供机会。

我们认为每个幼儿的兴趣、需要、学习方式都不相同，如果以同样的目标、内容、方式对待不同的孩子，就难以获得最大的教育效益。因此，在“我的学习”活动中，我们鼓励教师在课程内容选择和组织上充分尊重幼儿独特的兴趣、需要以及特殊的发展水平。教师设计活动时需要遵循层次梯度性和材料丰富性等原则，鼓励并支持幼儿根据自己的需求选择适合自己的学习内容和学习方式。

为此，除了主题学习活动外，我们引入了项目化学习。项目化学习强调在真实情景中以任务驱动的形式推进幼儿的学习，旨在通过探究、实验、记录等方式，培养幼儿提出问题、建立联系以及个性化表达等学习能力，让每一个幼儿成为积极主动的学习者。项目化学习主张小组学习，幼儿选择自己感兴趣的问题，形成探究小组，每个小组围绕问题查阅自理、假设实验、收集信息、表达表现。

实践证明，项目化学习是实现“我的学习”活动重要的活动方式，也是适合幼儿探索世界的重要学习方式。在项目化学习中，教师有机会观察每个幼儿的学习情况，有空间为幼儿提供多种活动与表现能力的条件、机会；创设适合幼儿发展、支持性的环境，让每个幼儿在与环境、材料的有效互动中，大胆地探索、充分地表达，获得各种意义的经验。

（4）我的运动

“我的运动”注重观察了解幼儿运动能力及运动情况，分析幼儿运动经验，科学解读幼儿运动发展需求，同时，关注幼儿运动过程中生成的新需求，根据幼儿的需求进行差异化及个性化运动。

为提高教师需求导向的“我的运动”实施水平，我们对教师的运动活动实施情况开展了全面的现状调研。调研结果显示：教师重视运动活动的趣味性，而忽视其专业性；教师基本以统一形式实施运动活动，较少进行差异化教学；教师教学目标不明确，会出现不知如何进行指导的情况。因此，我们将研究要点聚焦在教师科学解读幼儿运动发展需求，分析幼儿运动发展经验上，以提高教师落实差异化运动教学的能力和水平。

此外，我们还对幼儿园运动课程的教学资源、场地资源、环境资源等进行了调查研究。在了解现有的运动课程资源的基础上，对运动课程目标、运动课程内容等进行梳理和总结。从运动材料的使用、动作方法以及运动价值等角度呈现运动内容，目的在于为教师设计运动活动提供多样操作思路和经验，鼓励教师发挥课程实施的自主权。一方面，教师在选择运动内容时，要根据本班幼儿实际情况和不同的发展水平以及幼儿在活动中生成的新想法、新玩法和新经验。另一方面这为教师针对幼儿运动能力发展的差异性实施运动活动提供了丰富的素材。每位教师可以针对班级幼儿运动的实际发展情况，个性化实施班级户外活动。如此一来，每个幼儿走、跑、跳、攀爬等运动能力能得到全面的培养。

此外，为了提高教师对幼儿运动能力及运动情况的观察水平，我们还初步形成了幼儿运动能力发展观察表以及幼儿运动情况调查表等幼儿运动观察评价工具。在运动活动的实施中，教师既要保证全班幼儿各项基本运动能力的全面发展，还要观察幼儿之间运动能力发展的差异性，同时还要留意幼儿在各项运动能力上的发展不平衡。因此，为幼儿建立运动动作发展观察表以及运动情况调查表，可以为教师评价班级幼儿运动能力发展水平提供科学的依据，也利于教师有针对性地指导幼儿运动活动。通过“我的运动”的研究，提高了教师指导幼儿运动发展的科学性和专业性，也促进幼儿运动能力的全面发展。

2. 菜单式课程的实施

实施菜单式课程的过程中，我们给予幼儿自主选择的机会，让幼儿根据自己的需求选择活动，尊重幼儿的参与权、发言权；体现自主性的活动规则，教师和幼儿共同商议共同决定活动规则，允许幼儿根据活动的变化自主决定规则的内容；设置多样化的活动组织方式，允许幼儿以自己独有的学习方式获得和建构经验；强调活动评价的幼儿参与性，幼儿是活动的中心，幼儿在活动中的体验、感受、经历和发展等才是评价的关键所在，在评价中，教师要充分发挥幼儿自主参与的意愿。

3. 阶梯微课程的实施

在阶梯微课程实施中，我们首先编制幼儿行为观察表，教师通过轶事记录的方式如实记录班级幼儿情况。幼儿园将各班级的观察表进行汇总，明确个别幼儿发展中的特殊情况。根据汇总的观察表，我们从行为问题和情绪问题两方面对班级中个别幼儿的特殊情况进行分析。

在明确阶梯微课程的教育对象后，我们组织教师开展儿童心理学、幼儿观察与分析的培训，期望提供教师科学观察和分析幼儿的能力。

我们主张教师通过个案研究的方式开展阶梯微课程的实施，坚持对个别幼儿的追踪观察，收集过程性的资料，掌握个别幼儿的发展需求，适当地调整干预方案。并且要将对个别幼儿的指导有机地融于一日生活及活动的各环节，在各类活动中关注个别幼儿的特殊发展需要，予以适当的引导。

此外，教师在制定各类计划之前，要与家长充分进行沟通，与家长共同制定指导方案；在实施各类计划时，要与家长及时反馈幼儿在园情况，以及向家长充分沟通幼儿在家情况。

（四）课程评价

“MY 课程”的课程评价作为课程实施后运作的环节，具有发展性功能。评价内容包括幼儿园课程方案、幼儿发展及教师课程实施三个部分。“MY 课程”的课程评价认为，不管是对幼儿园课程方案进行评价，还是对教师课程实施进行评价，其落脚点和出发点都是幼儿发展，幼儿园和教师对幼儿学习与发展现状进行评价，针对其学习与发展目标的达成度，对“MY 课程”的实施进行及时跟进和调整。因此，我园着重点对幼儿发展评价进行研究。结合“MY 课程”培养目标，对《上海市幼儿园保教质量评价指南》进行深度解读，对《评价指南》中的幼儿发展评价指标进行园本化，突出体现本园“MY 课程”体质目标的评价。

具体而言，对幼儿发展评价主要由教师、家长开展，采用结构性观察（有目的有计划的）和非结构性观察（其他表现）相结合的方式。强调过程性评价，各方面的关注点要均衡的分配在每个月中进行观察，确保每个幼儿各方面的表现都能捕捉到，平均每个幼儿观察 3 次。学期末，幼儿园分年龄段对幼儿语言表达能力、科学探究能力、表达表现能力等进行结果性评价。具体的评价方法包括观察法、作品分析法、档案袋评价法、访谈法等。

三、“MY 课程”研究效果

研究至今，我们不断探索，不断反思、不断调整。在总结回顾中，我们发现开展“MY 课程”的研究给幼儿、幼儿园课程和教师都带来了深刻的变化，初尝了课程研究效果。

第一，满足了幼儿发展的多元需求。

实践表明，当课程设计与实施立足于幼儿发展需求时，就能实现幼儿内在发展需求与外在教育需求的最大融合，这样的课程能够最大程度上满足幼儿的多元发展需求。幼儿在形式多样，种类丰富的活动中，享受教育带来的身体和精神的愉悦，体验个体需求得到满足的安全感、归属感和充实感。

当教育能够满足幼儿发展的多元需求时，势必会带来幼儿各方面发展的全面、和谐。在“MY 课程”的实施中，每个幼儿都是自己发展的主人，都有自主选择和主动做事动手的机会，发展各种生活自理能力，形成健康的生活习惯和良好的社会交往行为；能够充分享受游戏的权利和自由的游戏空间，根据自我发展需求自主选择游戏主题和游戏材料，在游戏中发展社交、语言、建构等能力；能够按照自己的学习方式和兴趣，探索周围世界，与环境、材料的有效互动中，大胆地探索、充分地表达，获得各种意义的经验；能够按照自己的运动发展的水平参与各项运动项目，在科学和专业的指导下活动运动能力的全面发展。

第二，提升了幼儿园课程的系统性及园本化。

历经 4 年的实践尝试和探索，我们初步形成了包含课程理念、课程目标、课程结构与内容、课程实施到课程评价一套较完整的“MY 课程”实施方案及实践。这套系统的课程实施方案建立在本园课程发展的历史基础上，充分考虑教师、家长的情况，满足幼儿发展现实需求。它从幼儿发展的现状进行设计，关注个体差异、因材施教，有效地促进了幼儿的发展。

系统性的“MY 课程”实施方案及相应的实践更好地实现了我们的教育愿景和课程愿景。“MY 课程”实施方案为“让每一个生命绽放精彩”的办园理念及“唱响自己、个性成长”的课程理念落地提供了目标体系、实施方式、资源利用等保障机制，确保课程专业、有效的运作。与此同时，在课程运作过程中，幼儿园的课程特色也彰显其中，有效达成了幼儿园课程的园本化。

第三，激活了幼儿园课程主体的积极性。

“MY 课程”的建设结合了教师、家长和幼儿三方力量。研究证明，一个人的工作效率远远落后于团队的工作效率。教师、家长甚至幼儿的参与让“MY 课程”建构形成了合力，在人人参与的过程中共同成长。有人说：“一个人走路也许更快，一群人走路却能走得更远。”课程主体的多方参与让课程发展之路走得更远、更踏实。通过调动各方的力量，“MY 课程”把各种优质资源充实到课程中，让课程更好地服务于儿童的成长。

其中，教师实施课程的积极性得到了最充分的调动。教师不仅仅是课程的实施者，更是课程的领导者、设计者和评价者。教师是幼儿园课程实施成效的决定性因素，这意味着教师要拥有更多自主实施课程的空间。此外，幼儿的发展是一个不断变化的过程，有的变化更是瞬息万变的。抓住幼儿不断发展的需求，提供个别化教育，也需要教师拥有足够课程实施权利。

如果教师习惯性地照本宣科实施课程计划，使“MY 课程”实施僵化，无法充分利用生成性的课程资源，最终导致难以满足幼儿处在变化中的发展需求。另外，还有一个附带的后果：教师在实施课程时缺乏积极的思考，很大程度上阻碍了教师的专业成长。有鉴于此，我们把“MY 课程”实施的自主权下放给教师，同时提供动态调整班级计划的指引。在幼儿自主发展的空间里，教师往往能捕捉到有价值的、幼儿感兴趣并乐于探究的很多生成性课程内容。课程计划的动态调整从根本上改变了“千人一面”的教育模式，让教育更适合每个班级幼儿的发展需求。幼儿个体的发展因此而变得灵动，充满活力，让教师逐渐具备灵活实施课程的专业素养。

对“MY 课程”的研究是一个持续、动态的发展过程，在后续的研究中，我们将进一步完善“MY 课程”实施方案，丰富课程内容，探讨课程实施要求，并提高教师观察评价的专业能力，更好体现“MY 课程”的课程理念“绽放精彩，个性成长”，让每一个幼儿都能在课程中找到自己绽放精彩的舞台，收获自己最大效益的发展。

上海市嘉定新城实验幼儿园园长
陆晔
2018 年 3 月 25 日

第一章　情感与抚慰课程：把心灵的力量献给所爱的人

教育要使儿童的个性得到健康发展，最重要的是给予其“无条件的积极关注”。诚如苏霍姆林斯基所言：“爱，首先意味着奉献，意味着把自己心灵的力量献给所爱的人，为所爱的人创造幸福。”教育无条件地给予儿童关注、喜爱、尊重或者认可，使儿童无论做什么，都能得到他人的关怀、热爱和尊重。

罗杰斯认为，教育要使儿童的个性得到健康发展，最重要的是给予其“无条件的积极关注”，即无条件地给予儿童关注、喜爱、尊重或者认可，使儿童无论做什么，都能得到他人的关怀、热爱和尊重。

师生应该是相互尊重，学生要尊重教师，教师更要尊重学生。尊重是爱的前提，尊重是接纳的基础，没有尊重的爱是不完善的爱。尤其对于心智尚未发育健全的幼儿而言，教师出于尊重的爱尤其重要。一部分的成人会因为幼儿的“弱小”而忽视他们的发展需求，会因为幼儿的“无知”而漠视他们的成长需要。作为幼儿教师，要摒弃这样“自大”的观念，真诚地接受幼儿的一切，不管幼儿的性格、行为或是家庭背景怎样，都会关心和爱护他们。

如何与幼儿建立情感交融，平等接纳的关系呢？很重要的一点是，教师要尊重幼儿成长与发展的独特性。在我园“MY课程”理念下，独特性体现在两方面，一方面，幼儿之间的个体差异性，每个来到世界上的幼儿都是一个唯一的个体，每个都有不同的声波纹、指纹、唇印和脚印等等，这些生物学上的差异又被后天经历所影响，使得幼儿之间的差异进一步加大。因此，在一个班级内，每个不同的幼儿都有不同的发展需求，每一个幼儿都需要教师做出个别化的反应。

另一方面，幼儿有自己生命成长的节奏，他们总是按照自己的发展速率有条不紊地前行。卢梭认为，教育要以自然发展和人的天性为依据，按照幼儿身心发展的自然规律，教育要以自然为师，而不是以人为师，从而把幼儿培养成自然人。因此，尊重幼儿，即是尊重他们独有的成长节奏，使幼儿在符合其天性的基础上接受成人的指导和帮助。

基于对幼儿独特性的理解，显然，整齐划一的课程无法满足每个幼儿的个性成长需求，无法关注到每个幼儿独特的情感需求。当教师真正立足于幼儿发展的差异性，才能真正做到尊重与接纳。当幼儿感受到教师无条件的尊重与接纳后，才能真正得到发展。

为此，“MY 课程”创设了基础性课程、菜单式课程和阶梯微课程，旨在通过剖析幼儿的不同需求，予以适切的教育干预，帮助幼儿获得全面和谐的发展。

1-1
课程现场

吃饭慢吞吞的宝贝

现场与实景

“好标致的一个小姑娘!”这是第一次见面小宝给我的印象,安静,文气。美好的第一印象在小班入园一个月后发生了变化。这里有一个教学片段：午餐开始了,大家都吃着自己的午饭,但是,只见小宝愁眉苦脸,一边吃饭,一边眉头紧锁,小宝成了我们班吃饭的“老大难”问题,她总是最后一个吃完,我们给吃得快的小朋友奖励的贴纸从来就轮不到她。而且,如果老师不喂,她的盘子里总留下很多蔬菜和肉,一顿饭下来她就只吃点米饭,喝点汤。

发现与解读

鉴于小宝最近的进餐情况,我重点观察了小宝的进餐情况。吃饭时,我发现她总习惯一勺一勺往嘴巴送米饭,一口还没完全吞下去接着又塞一口。嘴巴两边包了很多饭,基本看不出明显的咀嚼动作,实在吞不下了就喝一口汤把饭吞下去。可以看得出来,小宝吃饭吃得非常“艰难”,双眉紧蹙,她也很努力地想尽快把饭吃完,但不知为什么就是难以下咽。我在想,“小宝也许有包饭的不良习惯”。

于是,我决定改变她。每天给她喂饭时,我都有意识地把饭和蔬菜一起送进她嘴巴里,并鼓励她嘴巴动起来,把食物嚼烂了吞下去。开始以为这样的“教导”会有效,结果却适得其反。当菜在嘴巴的时候，本来稍微动一动的嘴巴居然连一动也不动了，最后还是用汤把饭和菜一起“喝”下去。在我“鼓励式”的催促下，小宝脸都涨红了。作为新教师，面对着这样一个“吃饭难”的孩子，我束手无策。

师傅成了我的救命稻草。对着师傅我大吐苦水：“师傅，你看这样一个挑食又包饭的孩子，我该怎么办呢。”

师傅徐徐地说：“先别急，这个孩子也许有身体方面的问题，你可以先到金医生那儿了解情况，然后再打电话问问家长。”

经过多方了解，真相大白了：根据金医生的记录，小宝有严重的龋齿，20 颗乳牙，17 颗已经被完全蛀掉，只剩下牙根；留下的 7 颗牙齿也有蛀牙现象。大面积的龋齿已经严重影响了小宝的咀嚼能力。难怪她总是包着饭，很少有咀嚼的动作。奶奶也告诉我，小宝在家里也吃得不多，饭量少。但每天早晚雷打不动要喝一瓶 200 毫升的配方奶。而且晚上还喜欢边喝奶边睡觉，没有漱口、刷牙的习惯。久而久之，小宝珍贵的乳牙就在牛奶中“泡没”了。家里人一般用“小星星”奖励法让她尽快吃完饭，所以在家用餐的时间基本上三十分钟。但由于小宝已经没有臼齿（俗称大牙），所以家人也不强迫她一定要吃绿叶蔬菜和她咬不动的荤菜。

回想着小宝吃饭的情况，一切的疑问都找到了答案：龋齿是小宝“吃得慢”的根本原因。原来，小宝每天进餐都是用汤把饭硬吞下去的，难怪她总是“包饭”，难怪她不要吃青菜，难怪她脸上总少了点孩子的微笑，难怪她的眼神总带有一点“怯意”。“吃得慢”表面上看仅仅是一个生活问题，却在日积月累中磨去了小宝的天真、快乐和自信。

这个体认让我的心情很沉重，小宝再也不是我所认为的“问题孩子”，而是一个让我“心痛”的孩子。吃饭本是人生一大乐事，对于小宝来说却是一个她不应该承受的“负担”。而我，没有充分了解情况就采取简单的方法——喂，这对于小宝而言，那就是“雪上加霜”啊！我对她是何其“残忍”，用所谓的“奖励”催促着她做力不能及的事情。我的“教育”对她太不公平了。我决定改变我自己。

设计与实施

行动步骤一：为小宝减压

真正的同情和爱护需要付出行动。首先要做的是把压在小宝心中的重担卸下。一天午睡前，当所有小朋友都进卧室了，我悄悄把小宝带到镜子前，让小宝张开嘴巴，在镜子中看她七零八落的牙齿。然后，我拉着小宝的手，真诚地对小宝说："小宝，你的牙齿被小虫虫吃掉了。现在张老师才知道你为什么吃得慢。对不起，小宝！我们以后吃饭慢慢吃，小口小口地吃，不着急，好吗？"小宝似懂非懂地点了点头。

从此以后的午餐，我们为孩子们创设宽松、自然的进餐氛围，把用餐时间适当地延长十分钟。取消"小星星"奖励法，先吃完的孩子就在活动室开展相对安静的活动，然后等小宝吃完了再一起去散步。本来三十分钟的用餐时间延长到四十分钟，对整个班级影响不大。但对于小宝而言，这十分钟就让她轻松多了。而且，没有了"小星星"，小宝免掉了天天与其他孩子比较的"酷刑"。这种隐形的与同伴的比较压得小宝抬不起头。我要及时修正我们不恰当的教育，为小宝重建自信。

行动步骤二：循序渐进锻炼小宝的咀嚼能力

小宝没有了臼齿，咀嚼成为她心中的一道坎，她一直对此很抗拒。帮助她跨过生理和心理门坎才能让她重拾进餐的快乐和自信。在金医生的帮助下，我知道最关键的是锻炼小宝用牙肉进行咀嚼的能力。让小宝从抗拒到坦然接受，这需要有一个循序渐进的过程。于是，我们有了专门针对小宝的备餐计划。

首先要让小宝乐意进行咀嚼，让她觉得咀嚼不是那么难和那么痛苦。所以一开始遇到绿叶蔬菜、成块的肉和肉丸，我们都会用消过毒的剪刀再剪碎一点，让小宝觉得她能够嚼得动。那些玉米粒之类带皮的蔬菜就让小宝把皮吐出来。当她的咀嚼力慢慢复苏后，再把食物剪得大一点，让她得到进一步的锻炼。小步递进的引导下，小宝的咀嚼越来越得心应手了。

行动步骤三：家园携手，重建良好卫生习惯

家庭教育在孩子的成长过程中起着举足轻重的作用。小宝的龋齿是长期不良卫生习惯造成的。所以，要遏制小宝龋齿的继续恶化，需要家长重新培养孩子的卫生习惯。为此，我多次与小宝的奶奶和父母沟通，和金医生一起上门家访，帮助他们认识到龋齿对孩子的危害。还现场示范幼儿正确刷牙的方式，给小宝送了一把刷毛柔软的牙刷。同时，建议家长更改睡前喝奶习惯，在睡前一小时给小宝喝奶。同时，还把幼儿园为小宝备餐的方法推荐给家长。

成效与感悟

经过小宝事件让我认识到，孩子表面反映的现象，其背后有着各种不同的原因。作为教师，我们不能仅凭一己之见为孩子“诊断”问题。凭个人经验得出的结论是盲目的，表面的，尤其像我一般的新教师，更无多少“经验”可谈。所以，发现问题后应力图通过多个渠道调查、收集信息。所谓“多个渠道”是指与事件相关的各方面的人和事。“不会吃饭”的小宝就需要向保健老师和家长这两个关键渠道采集信息。“MY 课程”实施了多年，在幼儿的个案研究中我们发现家庭教育是关键所在。大部分家长因为缺乏育儿的专业知识，幼儿在进小班前已然形成这样或那样的不良习惯。因此，在发现问题幼儿的时候，我们首先需要与家长沟通掌握第一手资料。但很多情况下，家长可能因为有各种顾虑而不愿意透露真实信息。如果出现了这种情况，我们需要对家长有足够的耐心、尊重和理解。一次沟通不行，第二次，第二次不行，第三次……相信“精诚所至，金石为开”，只要能够让家长明白，我们所做的一切都是为了孩子更好的发展，家长最终也会和我们共同联手，形成教育联盟，让“家园共育”从口号转化为切实的教育行为，最终推动幼儿全面和谐发展，这才是充分践行了“MY 课程”的理念，为每一个孩子定制适宜的教育，让课程中的每一个“我们”（包括幼儿、家长和教师）绽放精彩！

（撰稿者：张枫雯）

1-2
课程现场

呼叫的小 M

每一个孩子都是一个独立的个体，每个孩子的个性也随着不同的教养方式、家庭环境等的影响而有所不同。作为教师该如何看待儿童的特殊行为？又该如何对幼儿特殊行为进行指导呢？

现场与实景

片段一——自由活动时：在一次早上自由活动中，小 M 进入了娃娃家开始游戏。他始终在独自摆弄仿真水果，与他人无交流。6 分钟后，他伸手想从小 A 手里抢来西瓜。但小 A 攥得很紧，小 M 随即放弃了争抢，两人无语言交流。小 M 便拿了桌上另一个西瓜，并自言自语道："西瓜。"随后他将桌上剩余的水果都放入了盘子中。

十分钟后小 M 离开了娃娃家进入了小工地。小工地已有六名幼儿正在搭积木。他选择了一个较空的角落开始搭积木，游戏全程是独自游戏，与他人无任何交流。在搭了五块积木后，他拿着一块积木离开了小工地开始在班级中闲逛，直到教师播放音乐收玩具。

片段二——集体活动时：集体活动的时间到了，在音乐声下孩子们都陆陆续续回到自己的椅子上。可直到音乐结束，还有一个孩子游荡在娃娃家中——小 M。看到这个景象，有些孩子对我说："老师，小 M 不坐过来。"还有的孩子甚至直接提醒小 M："小 M，学本领了。"可是小 M 并没有任何回应，依旧在娃娃家摆弄着各种材料。于是，我对小 M 说道："小 M，我们要学本领咯！请你回到自己的小椅子上。"但是小 M 仍然没有任何反应，我只能走进娃娃家，牵着他的手回到椅子上。但是好景不长，不一会儿小

M 又开始游荡在教室中间，嘴里还唱着歌。

片段三——生活点心时：“朋友们，请你们抱抱小椅子，我们准备洗手吃点心咯！”听完我的话，大部分孩子都开始动起来了，可是当孩子们都在夹饼干、拿牛奶、吃点心的时候，又有一个身影出现在了停车场。小 M 又开始摆弄各种玩具了，他仿佛并没有听到我的话。这时，我走到小 M 身边，轻轻地告诉他：“小 M，我们要吃点心咯！请你抱抱小椅子！”这次，小 M 听到了，他从停车场出来走向了自己的椅子，并把它抱了起来，可是不一会儿，在教室里兜了两圈的他又把椅子放下重新回到了停车场。重复两次依旧无果后，我又牵起了他的手，并且带着小 M 的椅子来到餐厅，并引导其洗手、吃点心。

片段四——午休时：阳光活动后，做好睡前准备的孩子们一个接一个地走进了午睡室。可是小 M 久久没有走进午睡室，原来他还在玩具柜摆弄着玩具。我说道：“小 M，我们要睡觉咯！快来和你的小床做朋友吧！”可是，小 M 并没有理会我的话，他依旧自顾自地在摆弄着。于是，我牵起他的小手，先带他上了厕所，然后将他带进了卧室。走进卧室的小 M，并没有因此而停止自己的兴奋，他开始模仿摩托车的声音，甚至大声地唱起了歌，而此时其他准备睡觉的孩子也被他的叫声干扰了。

片段五——半日活动

编号	场景	小 M 与教师的对话	思考
1	吃完点心后，大多数孩子将捏扁的牛奶盒拿给阿姨看	小 M：徐阿姨，我牛奶喝完了。 徐阿姨：好的。	主动发起对话
2	运动结束后，大多数幼儿都能够在阿姨的提醒下擦汗。教师组织孩子们玩小手游戏	徐阿姨：小 M，来擦汗。 小 M 认真玩着小手游戏 徐阿姨：小 M，小 M，小 M，过来擦汗。 小 M 走到阿姨那里一点又回到椅子上继续小手游戏，阿姨继续叫：小 M 来擦汗。小 M 起身去擦汗。 擦汗时，徐阿姨问：小 M 你听到我一直在叫你吗？ 小 M：听到了。	小 M 对他人的点名行为无刺激，没有反应，而对教师组织的小手游戏非常感兴趣。

续 表

编号	场景	小M与教师的对话	思考
3	玩沙玩水时，小M换好了套鞋	张：小M，张老师想你了，快过来。 小M听到后立刻到我身边集合。 张：小M，给你一个小铲子。 小M：谢谢。	小M会简单的对话。
4	集体活动时，幼儿各自坐在椅子上，小M坐在教师身边，随后爬向地垫。	小M：咔咔咔……哇哇哇……（自言自语）	小M控制不住自己的情绪，游离在活动之外。
5	吃完午饭后，小M走向娃娃家，从中拿了两个娃娃走向教师。	小M：这是我的玩具。 张：两个都是你的？ 小M点点头：给你 张：你先帮我抱一会儿哦，别让他们受伤了。 小M抱着玩具离开了。	小M主动与成人发起对话，并会使用较清晰的短句。
6	离园活动时，徐阿姨帮助小M包肚子，这时小M开始唱歌。	小M：嘟嘟嘟…… 徐阿姨：小M，你会唱这首歌吗？ 小M：会。	小M听懂阿姨的问题，并及时回应。

发现与解读

未得到回应的对话：“小M，学本领了。”

“小M，我们要学本领咯！请你回到自己的小椅子上。”

“小M，我们要睡觉咯！快来和你的小床做朋友吧！”

“小M，我们要吃点心咯！请你抱抱小椅子！”

“小M，小M，小M，过来擦汗。”

得到回应的情况：玩小手游戏

“小 M 你听到我一直在叫你吗？”

“小 M，张老师想你了，快过来。”

“小 M，给你一个小铲子。”

“两个玩具都是你的吗？”

“小 M，你会唱这首歌吗？”

从这些回应梳理出来的数据可以发现，四次观察中，教师、同伴共发起的 16 次与小 M 的互动中，得到回应的次数共是 5 次，31.2%的回应率。

那么究竟是什么让小 M 不愿意搭理别人呢？

1. 喜欢有情境的对话语言，不喜指令性对话语言

从梳理出来的对话可以发现，小 M 5 次不回应的对话都是教师或阿姨对他提出一些指令性的要求，而得到回应的对话都是在一定情境中或是小 M 感兴趣的玩具或事件。例如在片段四中，阿姨连续叫小 M 3 次，小 M 都不理睬，最后还是被手指游戏吸引住，不去擦汗。

我们的发现：小 M 对指令性语言有一定抗拒，尤其是当教师让他停止游戏进入其他环节，他直接忽略，而教师带有一定情境的语言让小 M 停止游戏时，会得到回应，发现小 M 需要一定兴趣的激发进入环节的转换。

2. 喜欢沉浸在游戏的世界里，不喜被其他环节打扰

片段一、二、三中，小 M 都是在集体要进入到其他环节时，他仍然沉浸在玩具的世界，例如片段一中提到，教师在几次提醒小 M 吃点心后，他终于从停车场出来走向了自己的椅子，并把它抱了起来，可是不一会儿，在教室里兜了两圈的他又把椅子放下重新回到了停车场。重复两次依旧无果后。

我们的发现：小 M 在环节转换的时候始终停留在游戏区进行摆弄，他的游戏需求很强烈，不会因为集体环境的影响而有所终止。

3. 喜欢独自游戏，不喜与人交往

在片段一中，整整半个小时的观察中，小 M 与人语言交流的次数为 0，自言自语次数为 1，小 M 有一次与同伴发生了接触，但小 M 用动作表示自己的想法，方法很简单，直接用抢的方式来表示：我要西瓜。当发现抢不过来时，小 M 也默默退出，无任何语言交流，自始自终处于独立游戏状态。

我们的发现：小 M 的交往方式以独自游戏和平行游戏为主，游戏内容基本都是操作摆弄，可以发现小 M 仍处于社会性发展的初级阶段，运用非语言的行为交往。

设计与实施

一、尊重儿童，改变话语方式

1. 家长改变话语方式

根据与小 M 家庭的接触，发现小 M 家主要带养人是奶奶，爸爸妈妈忙于工作几乎无暇照顾小 M，而奶奶与小 M 的交往方式通常是指令和被指令的关系，奶奶的教养方式简单，都是运用简单的语言对小 M 呼来唤去，若小 M 不听，奶奶直接采取简单的动作如：拉、抱等行为。这是造成小 M 对语言的刺激简单、直接。因此，改变奶奶与小 M 的话语方式显得更为重要。

首先采用约见的方式，跟奶奶聊聊关于指令性语言的有效性问题，让奶奶意识到指令性语言对小 M 毫无作用，让奶奶试着尊重小 M，在与小 M 的对话时尽量用一定的情境或有趣的语言进行对话，让小 M 感到被尊重，大人才会被回应。

2. 教师改变话语方式

通过以上几次观察实录不难发现小 M 对教师的指令性语言也具有一定的抗拒性，因此，教师也需要改变话语方式，例如片段四中，教师改变了话语方式，将“小 M，过来……”改为“小 M，我给你一个小铲子”。把指令变为具体的、可实施的、感兴趣的行为。

二、满足需求，刺激多元需求

1. 满足游戏需求

小 M 对游戏、玩具的兴趣很浓厚，他的注意力很多情况下都是被班级中的玩具所吸引，每当环节过渡的环节或集体活动环节，小 M 都会钻进游戏区。分析原因：(1)说明小 M 的游戏兴趣、玩具摆弄的兴趣未得到满足；(2)小 M 的注意力集中时间短，一般不超过 5 分钟。

因此，我们首先需要满足他的游戏需求，在课程允许的情况下，对小 M 的游戏课程时间加长，例如拉长小 M 的角色游戏时间，可以让他在离园时满足他的游戏需求。其次，小 M 年龄小，注意力集中时间较其他人短，这就需要教师在活动设计上要关注兴趣、活动游戏化，足够吸引小 M，同时教师要多关注小 M，给予小 M 在活动中一定的鼓励，让小 M 爱上集体活动。例如案例中的手指游戏。

在注意力集中方面，我们给小 M 家庭提供了一些亲子小游戏和小制作，通过家长陪伴的方式，逐步培养小 M 的注意力。

三、刺激多元需求

小 M 的需求更多的是集中在玩具上，如何让小 M 参与到其他活动中来？必须要激发小 M 多元的需求，例如对运动的需求、艺术的需求、探索的需求等等。首先让小 M 感受到不同的活动有不同的感受，体验不同的乐趣。让小 M 加入到集体中来，并对小 M 尽量进行一对一的指导，让小 M 感受艺术活动美的体验、探索活动科学的神奇、运动活动锻炼的乐趣等，从单一需求发展到多元需求。

四、关注兴趣，适时推进参与

面对不肯跟人交往的小 M，首先要了解他不交往的原因：其一，小 M 生理、心理年龄都比一般幼儿小，在与人交往中，会发生一定的认知、常识上的不一致，导致小 M 在交往中容易受挫。其二，小 M 的社会性发展较晚，仍处于自我中心的阶段，并且交往方式更多的是非语言行交流，已经不能满足同年龄段幼儿的交往需求。

1. 家长带领幼儿走出去

小 M 的教养方式比较单一、封闭，很多时候小 M 都是一人独自在家玩玩具、看电视，很少与同龄幼儿接触，因此，家长教育方式的转变对儿童社会性发展有很大作用，需要家长迈出第一步，孩子的世界被打开，社会性发展才能在更多的与人接触中逐渐被习得。

2. 教师带领幼儿走进来

在一个班级中，小 M 孤立的位置已经逐步形成，如何带领小 M 走进这个班集体，加入大多数孩子的游戏。首先，对小 M 的兴趣给予捕捉，将小 M 的兴趣点与其他幼儿的兴趣点进行对接，有了共同的兴趣和爱好是交往建立的第一步。

成效与感悟

经过两个多月的介入指导，小 M 的社会性有一定的发展，基本能够听懂老师的话，与人沟通了。会回答“哎”。通过几次观察下来，发现小 M 对自己的名字已经有一定敏感度，会回应老师、同伴；能够参与游戏，体验游戏的快乐，在角色游戏时，小 M 找到了自己的角色——宝宝，并很乐意与娃娃家的成员一起游戏。并且由于小 M 游戏的需求得到满足，小 M 也会跟从集体进行活动类型的转换。

静待花开，在改变话语方式中，方显教育观的重要；在满足需求中，方显教育心理的地位；在一进一出中，方显教育的推动作用。

（撰稿者：张少灵）

1-3
课程现场

五朵沉默的小花

学前儿童的特点就是天性彰显，不加掩饰。新芽欲出，有的像热情的向日葵，有的像自然温润的水仙。作为第一年实习期新教师，我遇到了五朵“沉默的小花”。五个高颜值和高智商的女孩却习惯性地保持沉默，尤其在一切集体活动中，明明什么都知道，但偏偏“金口不开”。她们为什么沉默？因为害羞吗？害羞是一重心灵的藩篱，还是一丝隐秘的幸福？害羞是孩童时代的必经阶段，还是可以由父母和学校帮助克服？外向和害羞真是一对矛盾体？害羞的她们，如何学会表达，学会爱？而这五朵小花沉默的方式都是一样的吗？

沉默寡言型——沉默的含羞草

现场与实景

片段一：

熹熹第一天来园的时候两眼红肿，妈妈走后，她没有像其他有分离焦虑的孩子一样大声喊妈妈，而是一边看着妈妈离开的方向，一边又掉起了眼泪。

接下来的几天，熹熹一直眼泪汪汪站在门口抱着玩偶小羊，这时老师过去轻轻拉住她，将她牵到桌子边，给了她一盒橡皮泥。在前一天，熹熹哭着进来后老师教她做棒棒糖，她就停止哭声了，当橡皮泥再次吸引了她的注意力后她慢慢停止了哭泣。她取出橡皮泥开始捏，一开始她拿着一坨橡皮泥毫无头绪，就是放在手心里乱捏；当给了她磨具，提示她可以做好吃的东西，她说“我要做两根豌豆给姐姐吃”，说完腼腆笑了笑，开始认真玩橡皮泥。

片段二：

集体教学活动中，教师在讲故事，问了一个问题：“大恐龙为什么会怕冷呢？”

班级中三分之二的幼儿都举起小手，教师请了坐在第一排的熹熹来回答，熹熹突然皱起小眉头，嘴角微张，摇着头往后缩，教师鼓励她。

教师：“没事的，说说看你的想法，如果你是大恐龙……”，教师还没说完，熹熹一边继续往后缩，头低着一边眼眶就湿润了，教师就请了另一个幼儿来回答这个问题。

片段三：

心颐牵着爸爸的手，眼睛哭的红肿着走进教室，教师和心颐打招呼，“心颐，早上好”，心颐转过头埋在爸爸手臂里，爸爸想离开了，心颐眼泪一直在流，轻轻叫着“爸爸，爸爸……”，爸爸走远了，心颐还在流着泪叫着，站在门口。

过了一刻钟，教师过去拉着她，她才愿意一点点往教室里面走。

片段四：

游戏开始了，小朋友们和老师手拉手围成一个圈，只有心颐一个人站在旁边看着大家，浩浩过去拉她的手，心颐推开浩浩的手往后又退了两步。

这时，教师过去拉她的手，心颐把手缩了回去，僵持在原地。

教师：“心颐，你想玩丢手绢的游戏吗？”

心颐嘟着嘴巴摇摇头看着旁边的长椅，教师问：“你想先去休息一会是吗？”心颐点点头，然后跑过去坐下来，看着大家玩了 10 分钟游戏，期间教师和小朋友分别又去请她 2 次，她都又拒绝了。

片段五：

熹熹和心颐的害羞型人格使她们的分离焦虑时间持续很长，而且有反复性，那么我就在思考作为教师，在幼儿园我能够如何缓解她们的这一性格趋势？她们就真的只能一直“沉默”、“退缩”着吗？就像一朵小小的含羞草，一碰就会让自己蜷缩后退。

发现与解读

（一）先天气质特点决定幼儿社会性适应

研究表明，早期的分离焦虑如果不能得到缓解会影响幼儿智力活动的效果，甚至会影响将来的创造力以及社会的适应能力。研究指出，每个孩子从出生时气质就是不同的，有的外向开朗，有的内向胆小，性格敏感的孩子，更容易出现分离焦虑。这就意味着她可能胆小、谨慎、喜欢粘人等。她也可能对适应不熟悉或不预期分离情景有困难。而这一点对于熹熹和心颐来说都具备，所以案例中的熹熹容易产生害羞型社会退缩的行为。

弗洛伊德认为，随着力比多（libido）驱力固定在不同客体上，旧有的依恋会被打破；旧有依恋如果未能被有效打破，就会成为一种心理创伤，并会在将来导致心理疾患。这一特点在沉默寡言型幼儿身上特别凸显，他们通过规避交往冲突来应对社会环境中出现的不安全因素，所以他们在新环境中习惯保持沉默、在一个他们认为安全的角落里充当旁观者。

（二）依恋物的缓解——创造适宜的环境

值得一提的是，在案例中我们可以看到熹熹在玩橡皮泥时焦虑的情绪得到了缓解，后来通过家园访谈我了解了熹熹妈妈是全职妈妈，她的手很巧，因此也会经常在家中带着熹熹做各种小手工，包括玩橡皮泥，因此，橡皮泥对于她来说是熟悉的材料，在幼儿园玩橡皮泥的时候会给她一种安全感和亲切感，就像在家中，就像妈妈在身边一样，有了这种依恋感熹熹的情绪就会相对稳定一些。就像弗洛伊德说，依恋的出现是由于需要满足各种驱动力。儿童并不只是因为父母提供食物而依恋父母，依恋理论认为，人类是社会性存在。

设计与实施

（一）家园共育——让“小袋鼠”钻出妈妈的口袋

家庭是个社会系统，是一个既能影响孩子们成长，同时也被孩子们影响着的社会结构。父母教养方式以及家庭结构对儿童可能产生的影响是很深远的。实景中的熹熹家中还有一个姐姐，同样内向性格的姐姐影响着熹熹的性格趋向。当然还有全职妈妈的角色，使熹熹就像“小袋鼠”一直被妈妈庇护在口袋中，心颐也一样，一直被爸爸妈妈当“小公主”一样保护在羽翼下。

大量的理论和实证研究表明：父母教养方式中高控制策略、过度保护，缺乏鼓励、干涉、拒绝、惩罚，缺乏情感温暖与理解等因素与儿童的社会退缩行为密切相关。首先，如果父母采用情感温暖与理解的养育方式，儿童发生抑郁、社交退缩等问题行为的可能性较低，如果缺乏正确的关爱，而父母又习惯于过分关注甚至干涉子女，则儿童更易表现为退缩、回避、交往不良等行为倾向。其次，路径分析研究发现：高控制策略对2—4岁儿童的矛盾型退缩行为有直接影响。造成这一结果的原因是高控制策略限制了儿童的探索和独立行为，从而影响了儿童的社会能力发展，也剥夺了与同伴交往的机会。

和她们的妈妈沟通之后，她们也觉得有时候需要让她独立、单独完成一些事情，这样能更好地获得自我人格的培养以及从自然人向社会人更好地过渡。

（二）同伴模仿——模仿受欢迎儿童的行为

从“好朋友”的活动中，熹熹收获了子涵这个好朋友，子涵相对比较活泼，带动熹熹一起游戏、生活，渐渐地熹熹也会把自己的想法告诉子涵，熹熹渐渐打开了心扉，子涵很喜欢和老师聊天，就会把熹熹的想法再告诉我，随着时间的推移，熹熹因为熟悉了老师和班级的其他孩子而逐渐形成安全感，自然就会把自己的想法告诉我们。熹熹的社会交往能力在逐步地显现提升，她从一个独立的个体完全融入到这个集体中。

熹熹在积极健康的人际关系中获得了安全和信任感，发展了自信和自尊，在良好的社会环境以及文化的熏陶中形成了基本的认同感和归属感。

而心颐也和扬扬成为了好朋友，性格开朗直爽的扬扬总是给心颐讲笑话、做鬼脸，渐渐地心颐脸上的笑容多起来，也愿意主动和别人说话了。

成效与感悟

（一）鼓励参与——“内向”的孩子一样绽放精彩

小班下学期我们班级举办“歌王争霸赛”。当老师问谁想来参赛，熹熹第一个迅速地举起小手，举完后又快速地放下，腼腆地笑着、看着老师。

虽然这一切发生得像“昙花一现”般快速，但老师敏锐地捕捉到了，马上向她发出了邀请。熹熹大方地走到台上，一手拿着小话筒，一手捏着裙摆，不停地揉搓。

老师：“你想唱哪首歌？”

熹熹：“我也不知道。”

老师：“请你的朋友来点歌吧。”熹熹点点头。

熹熹：“周子涵！”

子涵：“我想听粉刷匠！”

老师：“熹熹，可以唱这首歌吗？”

熹熹轻声回答：“可以。”

老师放了音乐，熹熹第一句唱得很响，和着同伴们的合唱，熹熹面带微笑唱完了整首粉刷匠。在投票环节也得到了较高的票数，在最后结束的时候她还轻轻说了一句：“谢谢大家。”

通过小班一年的间接性干预，一系列活动中推动她们去社会交往，去获得自我效能感：好朋友手拉手（游戏）、小小领操员（运动）、值日生（生活）、歌王争霸赛（班级个性化活动）等，她们的害羞型退缩行为被逐渐弱化，虽然她们还是话语不多，但是依然能够找寻到她们身上的闪光点。

（二）激发潜能——突破规避心理

“内向”的性格其实有其积极的一面。像熹熹和心颐，一旦挖掘了她们感兴趣的事情就会专心致志地做，并能克服困难、不达目的绝不放弃。在实录中我们发现熹熹喜欢捏橡皮泥后，原来她对美术创作具有浓厚的兴趣。中班的时候她还参加了剪纸班等课外活动。熹熹妈妈经常告诉老师她有时一个剪纸剪得不好就会反反复复剪到自己满意为止。而心颐也在画画的时候展现了她小肌肉的精细动作技能，每次讲解作品教师都会夸赞她，在中班后期好几次她都愿意走到大家面前来进行介绍，对于一直规避的心颐来说无疑是巨大的突破。

像熹熹和心颐这一类内向的孩子，教师需要从细微处充分发掘孩子的优势，以积极的心态陪伴、支持和推动他们的成长。情感需求得到了充分满足后，孩子们的自主发展会自然而然地发生，他们的成长也会给你莫大的惊喜。

安静退缩型——沉默的兰花

在上述案例中提到的一个小女孩子涵，其实她也是沉默的小花之一，只不过她的“沉默”类型和熹熹、心颐不太一样，她其实既有想法又有主见，但是总喜欢一个人玩，虽然她后来和熹熹是好朋友，但大多数时间是熹熹先去主动找她。子涵就像是一支藏在山谷的幽兰，一直在角落独自绽放。

现场与实景

有这样一个场景：

熹熹轻轻地问子涵，熹熹：“我们要不要去玩手拉车？”

子涵摇摇头：“哦，不要，我要去滑滑梯！”，说完高兴地一个人去玩滑梯了。之后另一个孩子小星星跑去拉着子涵说“走，我们一起爬到那个滑梯上吧！”子涵推开她说：“不要，我就要在这里玩”，然后皱着眉头（好像不高兴被别人打扰），一个人一次又一次地滑下去。

您还可以看看下面这个场景：

在一次美术集体教学活动中，子涵选择一个人坐在小方桌上制作贺卡，熹熹拿着亮片来问她“你想用这个吗？”

子涵看了一眼，继续低头做着，过了 5 秒说了句“不要，我要用羽毛”。

整个 30 分钟的制作过程中，子涵一直一个人做着手工，除了熹熹，没有和任何一个人说过话。

发现与解读

安静退缩型幼儿退缩的原因主要是对人际交往不感兴趣，对物感兴趣。其典型行为是独自建构或自我孤立。适应问题主要表现为：生活自理能力稍低、学习成绩不够理想、社会化程度稍低、自我管理能力低。怎样才能激发子涵将自己的好的想法表达出来，与同伴分享呢？基于这样的性格特征，我决定先从情感抚慰上给予这类幼儿支持。

设计与实施

（一）移情——感同身受

在子涵搭积木或者画画的时候，我会问问她：“如果小人一个人住在这个房子里，她会不会觉得很孤独呢？”之类的方式激发她情感上的共鸣，愿意主动和同伴一起分享成就感，而不是一个人独享这一份快乐。

（二）游戏推动——情感体验和追忆

我发现子涵在游戏中其实很有想法，于是就让她以游戏中的身份来和大家分享交流。这时，她愿意大方告诉大家她是谁？玩了什么，从而使她在游戏中较为活泼的一面展现在集体面前，让她进一步强化这种集体中的情感体验。

（三）表达表现——多元的方式

那既然子涵不愿意用过多的语言来表达自己的很多想法，那么能不能换一种方式帮助她表达自己的想法？

实录中她所做的羽毛贺卡不正是作品在表达她对于美的诠释和想法，一看就知道她想做的风格和喜欢的颜色。因此，对于内向型的幼儿来说，表达的方式不一定是通过语言来说出来，也可以画出来、做出来。

（四）家园共育——"放手"放飞

家庭教育在幼儿整个成长过程中至关重要，因此，家长要做的不仅是"养"的部分，还有"教"的部分，教什么，语文、数学、拼音就够了？不，教的是幼儿学习品质以及社会适应能力的推动，随着社会的变迁与发展，幼儿生活的环境发生了很大变化，幼儿居住在高档林立的楼房里，与人交往的空间与机会却少了；幼儿接触过多电子产品，与外界事物的交往方式却发生了变化，未来社会是一个高度合作、竞争的社会，如果在幼年时期就一直将幼儿保护在羽翼下，那将来当她突然间要展翅飞翔时会发现根本飞不起来，对于那片美好的蔚蓝天空会有恐惧感，因此我还鼓励子涵的家长"放手"，以旁观者的姿态而不是干预者去教养，让幼儿自己去习得良好的社会适应能力及方式，相信孩子，我们要做的就是给予支持，未来的道路必须由他们自己开辟。

成效与感悟

通过游戏等方式让子涵从情感上得到体验，发现子涵越来越开朗了，特别是在游戏中有时能够呈现主导地位，提出好的建议想法，同时，同伴也能接受采纳。渐渐的，子涵脸上的笑容越来越多，皱着眉头的时候越来越少。

活跃退缩型——沉默的夜来香

毛毛和昀汐是一对好朋友，经常在一起玩。她们就像夜来香只有在固定的环境和时间下才会释放自己，如果跳出这个环境，不通过一些恶作剧，她们似乎就不知道怎么与他人交往，和同伴应该玩什么。

现场与实景

这里我们展示一个场景：

在一次中班的集体教学活动中，毛毛和昀汐坐在一起，从第 10 分钟开始，毛毛开始和昀汐说话，昀汐挠了一下毛毛，毛毛也去挠她，两个人挠来挠去 5 分钟，昀汐突然大声地笑出声，毛毛也忍不住笑出声。

这时教师经过几次提醒都没有用，就直接问毛毛和昀汐在干吗，毛毛和昀汐一句话都不说看着老师，脸上没有表情。

再看看另一个场景：

琪琪来告状说昀汐把橡皮泥都粘在桌子上，她提醒了让她拿走，不能这样，她还这样，毛毛也学她这样做。

教师跑过去看了一眼，两个人手里还拿着橡皮泥正准备沾到桌子上，教师问："昀汐，你知道橡皮泥粘在桌子上，会把桌子弄脏，阿姨会擦得很辛苦"，她看着教师，睁着大眼睛点点头，毛毛在一旁低着头，教师接着又说"下次橡皮泥放在垫板上或者纸上玩好吗"，昀汐点点头，毛毛说"知道了"。

说完，两个人又互相看了一眼，捂着嘴笑着。

发现与解读

她们两个人平时集体活动的时候就话语不多，那为什么在她们两个人的小天地的时候就会有这些表现呢？

研究中表明，活跃退缩型幼儿表现为交往方式不当的恶作剧。他们的典型行为是机能活动或夸张的戏剧表演。适应问题主要表现为：同伴拒绝率高，交往受挫、学习成绩不够理想、自我管理能力稍低。

设计与实施

（一）提高认知——厘清问题

她们之所以会有时故意调皮，其实还是源于她们对于是非认知的误区。因此，我有时会带她们进行问题情景的模拟，在过程中引导她们理解情景，从而获得正确的解决相关问题的能力。

如上述情况，我就会告诉她们如果继续这样做，会给保育员和老师带来更大的工作量，会让她们跟着保育员一起清理一次，她们就了解这样做之后的后果，下次就不会再采取这样的行为了。

（二）游戏引导——体验生活

她们会有这样的行为往往也源于对于生活认知的缺乏，从而不明白自己的行为会对别人和周围事物产生怎样的影响。

因此，在游戏中，我有时会参与其中，制造一些小矛盾和小困境，让她们来解决，从而使她们发现原来一个不恰当的行为就会造成一连串的麻烦，来负强化她们交往中不当的行为，引向积极开朗的一面。

（三）家园共育——打开自我的小世界

由于毛毛和昀汐总是两个人沉浸在自己的小世界中，所以她们的一些行为是不受外界影响和控制，甚至是隔裂的。因此虽然她们在一起的时候有很多共同话题，但是面对集体和老师，她们还是沉默寡言的，她们只愿意对着彼此敞开心扉。

那我就把这样的情况和她们的家长进行了沟通，让她们在一些集体活动中能够分开一段时间，和更多的同伴进行有效地互动，和老师进行更好的互动，这样的举措也得到了家长的支持。

成效与感悟

经过一个月的“分离”以及家长的支持，毛毛的交友圈真的扩大了，和小星星、琪琪在游戏的时候也碰撞出很多火花，而昀汐对于自我控制能力也提高了，一些小小的“恶作剧”行为明显降低了，两个人都在朝着正强化的方向前进。

沉默的五小花在开花

通过一系列的措施以及家长的配合，“沉默”的五小花现在已经不沉默了。通过五朵小花的成长，我们已然发现和印证：儿童的情绪情感发展随年龄的增长而不断成熟，沉默是一部分孩子应对缺乏安全感的策略。小班阶段，教师的核心工作是想尽一切方法与不同气质类型的儿童建立健康的安全依恋。在这个过程中，教师需要具有擅于发现和分析的专业知识，不轻言放弃的责任心和热爱孩子的事业心。

教师和家长对儿童的社会行为评估需要具有较高的一致性；在家园合力下，儿童的害羞-退缩行为会随着年龄的增长而逐渐减少，直至最终的消褪。在此过程中，教师既要预防自己给孩子贴“标签”，还要帮助家长避免对孩子的主观评价。评价是为了精准地把握儿童的发展需求，基于需求才能够为孩子定制适宜的课程，让每一个孩子拥有“MY课程”。

（撰稿者：张　晴）

1-4
课程现场

萱萱的 N 个第一次

孩子的成长中总有许许多多的第一次，为人父母和孩子一同经历许许多多的第一次：第一次笑、第一次抬头、第一次翻身、第一次走路、第一次开口说话……这些成长的足迹弥足珍贵，可还有一种见证，它需要付出努力、需要陪伴、需要关爱、需要教育者全情的投入。就如世上没有两片相同的叶子，孩子也是一样，他们的成长总有许许多多的"意外"，身为教育者，我很欣喜能在幼儿园中见证孩子许许多多的第一次，萱萱就是这样一个特别的孩子，我很欣慰遇到了她，见证了她的 N 个第一次……

萱萱，一个漂亮、干净的女孩，却是一个很特别的孩子。刚入园时，她一句话也不说，表情木讷，从不轻易表达自己的喜好，将近 2 个月都没有看到过萱萱的笑容。

现场与实景

片段一：

入园两个月了，11 月的一天晨会，我试着请萱萱上台，"下面请萱萱来和大家说一说"。萱萱怔怔地看着我，我连忙下去伸出手示意牵着她上台，可是她怎么也不愿意上台……

片段二：

12 月的一天，上午喝完牛奶后，孩子们纷纷搬着小椅子准备开始其他活动，可是萱萱站在饭桌旁一动也不动，我上前询问："萱萱，去自由活动了，把小椅子搬过去。"可萱萱并没有按照我的要求，还是站在那里一动不动。于是，我牵着她一起走，她僵硬地挪着，我的目光往下移，这才发现原来是萱萱尿湿了……

就这样，入园两个月了，萱萱从没开口过，上课时不回答问题；运动时，站着一动不动；裤子尿湿了，也只是站在那，等待你的发现。什么事都要老师牵着她，叫她搬椅子她就搬椅子，叫她吃饭她就吃饭，每每老师说了一个要求，她都会用渴望的眼神看着你，希望你指挥她，似乎任何事她都很难自己去跨出那一步。

发现与解读

“是什么原因呢？她为什么会这样？她难道是个不会开口的孩子吗？她难道没有主动的需求？”我产生了一连串的疑问，我还曾经这样思考，“是不是萱萱还不适应幼儿园的生活，还在焦虑期？或许家中有什么特别的情况？难道不喜欢老师和阿姨？……”带着这些疑问，我决定去了解萱萱的过去，寻找她如此的真正原因。

经过家访、托班老师的交谈，我了解到萱萱在其他幼儿园读托班时，一个学期一句话都不说，也是什么事都要老师叫唤。萱萱没有经受过什么打击，不过从很小开始，萱萱看到陌生人就会大哭。父母工作比较忙，小时候是爷爷奶奶带养多，妈妈在萱萱3岁的时候意识到萱萱的问题，于是给她报了兴趣班，目的不在于学习，而是希望她多和外界接触，但萱萱的情况让父母很无奈，一度使他们失去信心。萱萱平时在家和在外是截然不同的情况：平时在家能和家人主动交流，表达愿望和想法；喜欢学习，学拼音、学英语、学古诗、学幼儿园的操……现在，萱萱会念很多故事、认很多汉字。但在外面从不和别人主动交往，总是躲得远远的；参加兴趣班连门口都不进去，是妈妈牵着进去，妈妈陪着学，回家帮她练习。妈妈带萱萱外出，萱萱看到别的小朋友笑，就会问：“他们是在笑我吗？”平时，父母在和萱萱的沟通中，感觉萱萱非常敏感，什么事都似乎要很有把握才愿意表现。刚开学时，萱萱总不愿做操，妈妈询问后，萱萱对妈妈说：“我觉得我做得不好。”

幼儿分析：

萱萱属于退缩型幼儿，对于自己不熟悉的，能力达不到的，都采取回避、退缩。她一个人孤独的行为较多，对自己的要求非常高，不能有失败，在乎别人的看法，所以不愿轻易行动。

萱萱又是个"倾听型"幼儿，对于老师说的都听着、消化着，而且学习能力较快，但不表达，社会交往能力弱。

美国著名心理学家马斯洛提出"需要层次理论"，将"爱与归属的需要"列为人的重要心理需要，这是一种精神需要，一种对"心灵家园"的渴望。萱萱的这种退缩行为使她在日常活动中，参与性不高且不愿自我表露，所以，很容易置于被成人和同伴忽视的境地，更不用说能够愉快自觉地参与集体性的活动，并享受集体活动的凝聚感和统一感。

家庭分析：

萱萱 3 岁以前的主要带养人是爷爷奶奶，爸爸妈妈由于工作原因不能经常陪伴，经常是萱萱一人独自游戏，缺少了父母和祖父母的陪同，这使其成长过程中缺乏与社会、同伴的接触；父母意识到问题后又过多地关注萱萱，并且以参加兴趣班的形式来让她与外界接触，对萱萱来说学习多于游戏，社会交往还是非常欠缺。

我该怎样帮助萱萱？怎样让她跨出第一步，怎样给她的幼儿园生活增添色彩？作为一名教育者，我想首先要接纳孩子，给予孩子更多的关注、信任与赞扬；其次，要等待孩子的"慢"成长，要有信心；帮助萱萱提高和同伴交往的积极体验；还要通过家园合作改善家长的教养方式，建立良好的亲子关系。

那就一起来看看萱萱的成长吧！

设计与实施

作为一名教育者，面对萱萱的情况首先要接纳，要有爱心、耐心、信心去帮助她。

让萱萱逐步克服胆小，扬长促短，帮助她在同伴关系中建立地位，获得交往的愉快体验。于是我经常表扬萱萱，抱她，和她聊一些她熟悉的事、物，获取她的信任，让她愿意说话，并尝试用晨会、游戏等在一日活动中帮助她克服交往恐惧，建立自信。

一、鼓励萱萱参与班级晨会

每天的晨会孩子们总是跃跃欲试，可唯独萱萱从不举起小手，在经历了几次邀请失败后，我决定换种方式。放学前，我把萱萱拉到了教室一角，询问她是否愿意在明天的晨会上发言，萱萱看着我，眼睛里有些犹豫。于是，我连忙补充道："没事的，你可以回家和爸爸妈妈商量下讲什么？随便什么都可以的哦。"萱萱没有回答我。晚上和家长沟通后，萱萱爸爸告知，萱萱想念一首古诗。

第二天晨会开始了，好几个幼儿都说完了，可还不见萱萱举手，她低着头略显紧张。"下一位，我们请萱萱。"我话音刚落，就见萱萱拉着衣角、低着头，十分紧张。我走下去，拉着萱萱的手，说："来，没事，我会帮助你的。"

师："先跟大家打个招呼。"萱萱不作声。

于是，我忙补充"大家好，我是……"

萱捏着衣角，轻声地说："萱萱。"我等待了下，萱萱眼睛看着我，寻求渴望的帮助。师："萱萱今天要念一首古诗，你们仔细听，古诗是什么名字？"于是，萱萱看着我，张开了嘴，念出了古诗名《静夜思》，开始了她的第一次亮相……念完故事，大家响起了掌声，萱萱的小脸通红，但眼中闪烁着满足的目光。

多难得的第一次亮相，萱萱的这一次晨会登台其实是经过了彩排的，在家中的多次演练下才有了这第一次的站上台。当发现孩子退缩、不自信的时候，我们要接纳、给予关注和鼓励，适时地为孩子搭建阶梯。念故事是萱萱的强项，教育者要善于发现孩子身上的闪光点，发挥长处，让她体验成功的快乐。

后来的几次，萱萱虽然都表演在家中和爸爸准备好的古诗或儿歌，但萱萱获得了成功的体验，慢慢开始接受这种形式的活动，于是再后来有了萱萱的第一次自我介绍。

二、支持萱萱按照自己的方式参与早操活动

开学三个月了，孩子们都喜欢跟着老师做操，可萱萱还是不愿加入到大家的热情中，站在旁边一动不动地看着大家。一旁的阿姨忍不住会拉着萱萱的手一起做，萱萱被动地挥舞着，没有任何表情。早操结束后，我走过去抱着萱萱说："你今天好棒，和朱阿姨一起做操咯，明天我们继续好吗？"接连一个礼拜阿姨都牵着萱萱的手一起做操。可是萱萱还是不能自己参与进来。

我的初步判断：萱萱还是没有十足的把握在集体面前展现，她对自己不确定的事情不愿轻易尝试。

于是，我将做操的音乐给家长，家长在家中鼓励萱萱模仿、学做。妈妈告知，萱萱在家中很喜欢做，每天都会练。

11 月底的一天，早操时间，我和以往一样拉着萱萱，"开始做操咯"，萱萱慢慢挥动小手，小心翼翼地做起了操，虽然她由于紧张手臂动作幅度很小、很拘谨，偶尔还要看我一眼，但我始终向她投去肯定、赞赏的目光。终于她第一次参与了集体的做操。我没有在集体面前表扬她，我想这时的萱萱并不希望太多人关注她，这能使她更放松。

退缩型的幼儿往往会表现出不自信，萱萱内心对自己是高标准的，她希望能展现最好的，有的时候她可能并不希望被关注，过多的关注会让她有压力，反而让她变成集体中那"特殊的一员"。所以，当萱萱愿意迈出做操的步伐时，我采取的是个体的肯定、眼光的赞许。经过一段时间的适应，萱萱在早操时的表现越来越自然。

三、和萱萱一起奔跑，给予陪伴

奔跑、追逐、玩耍应该是每个孩子的天性，可是萱萱却停止了脚步。接连两个月她都不愿参与到集体的运动中，当所有孩子都在尽情地玩耍时，她则孤单、木讷地站在一旁。

她没有一个朋友，没有和老师建立信任感，她缺乏社会交往能力，也不愿主动寻找玩伴，那就陪着她玩吧。刚开始萱萱也不愿接受，躲躲闪闪，于是老师故意蒙起眼睛玩抓人的游戏，故意地总是往萱萱这里摸，萱萱被迫地后退、后退、后退、右拐……一次次的牵动下，她终于跑起来了，从只跑几步、到要求你陪她玩，直到能自己玩。

师幼关系是幼儿阶段的重要关系之一，每个儿童都是独特的，每个儿童的发展速率都是不同的，要学会等待孩子的成长。萱萱这样的孩子更需要我们的关注，需要我们主动走进她，辨别她的需求。教师就是她在幼儿园第一个依恋的人，我们需要尽快地和孩子建立亲密感、信任感，感受温暖。

四、为萱萱营造社交环境

一个学期过去了，萱萱一直是一个人，不和其他幼儿有交往。中途有几个幼儿主动寻找萱萱一起玩，但她不作声、不回应，孩子们自然也就不再找萱萱玩了。良好的同伴关系是社会交往的主要因素，萱萱一定要有自己的朋友。

和父母的多次沟通中知道，萱萱对班中的嘉怡很关注。那就从嘉怡开始，于是，我们调整了座位，先让她们坐在一块。嘉怡是个聪明的孩子，知道老师关注萱萱，于是很主动地与萱萱说话、一起玩，可萱萱还是没有开口。于是，我们布置了一个小任务，让她们两个一起做分发美术用品的小帮手。萱萱显然对这个小任务很感兴趣，于是，主动去拿工具材料，嘉怡说："你放勾线笔，我放画纸。"萱萱笑了笑说："好的。"就这样，萱萱有了第一个朋友。

幼儿园犹如一个小社会，每个人都有自己的独特的个性并扮演不同的角色。尊重孩子的意愿努力帮助她结交第一个朋友。另外，教师利用一切机会，请萱萱做小帮手，给她机会，让她感受到自己的重要性，帮助她建立在集体中的地位，赋予她一定的班级职责。渐渐地萱萱的笑容多了，朋友也多了。

五、引导萱萱和同伴一起游戏

游戏是幼儿期最主要的活动之一，在游戏中成长、学习，在游戏中学会交往、学会分享、学会解决矛盾。所以，一定要让萱萱玩起来，带着这样一个信念，我开始对萱萱进行"穷追猛打"！刚开始萱萱怎么也不愿玩，椅子往后挪，不愿加入。

有一天，我拉起几把椅子围着萱萱的椅子一圈，"今天，我们一起来玩，萱萱你想当谁？"萱萱沉默不语，教师："那我来猜，当妈妈？"萱萱摇摇头。"当奶奶？"继续摇头，"那你要当谁？是姐姐吗？"萱萱突然点点头。师："那好，今天萱萱当姐姐，今天由姐姐来选爸爸妈妈，好吗？"见萱萱不语，为了降低萱萱的尴尬，教师随即推选萱萱的好朋友嘉怡当妈妈，嘉怡很乐意，萱萱也笑眯眯地点了下头。另一名男孩做了"爸爸"，萱萱并没有抗拒。第一次游戏，虽然萱萱没有太多的语言、没有主动地发起交往，但同伴的影响感染着她，她的表情是愉悦的。

游戏是促进同伴交往的良好途径，也是幼儿模拟成人生活、满足心理需求、提升社会交往能力的重要媒介。在游戏中教师不对萱萱进行过多的关注，比较自然地将她与好朋友嘉怡安排在一起，让嘉怡作为中介来丰富游戏的情节和内容。当她旁观或无所事事时也不随意打扰，相信同伴的示范最终会带动她游戏的兴趣和能力。同时，教师也积极介入，帮助嘉怡丰富游戏情节，并努力为孩子们营造轻松愉快的游戏氛围。

5 月的一天，萱萱自己和伙伴建立了一个家，取名叫“粉粉家”，还主动分配角色。

成效与感悟

多少次的第一次，都让我很感动，经过一年的努力，现在的萱萱有了自己的好朋友，不畏惧与人交流，能和同伴及熟悉的成人交流，能参与到各项活动中。

从萱萱的案例让我明白：

1. 了解孩子的气质，尊重儿童发展速率

每个孩子与生俱来的气质不一样，个性不一样，需要教师耐心对待，根据儿童的不同气质，尊重儿童发展的速率，差异化实施活动。

2. 辨别儿童需求，实施个性化教育

每个儿童都有不同的需求，他们会通过行为来表达。有时行为是不合理的，但需求是合理的。所以作为教育者要学会解读儿童的行为，辨别儿童的需求，实施个性化的教育方案。

3. 一日活动皆课程，抓住每一个教育契机

一日活动中有许许多多的教育契机，身为教育者要有敏锐地意识去捕捉这些教育契机，让他成为推进幼儿成长的有利时机，就像萱萱，勇敢地迈出第一步，拥有第一次成功是多么地重要。

每个孩子都是一本书，内容却不一样精彩，需要我们用心、细心、耐心地读，越读越有味。面对特别的孩子，制定个性化的教育方案，用爱陪伴、用爱改变！

（撰稿者：邱　吉）

第二章 科学与探索课程：每一个孩子都是天生的科学家

每个孩子都是天生的科学家。在自然角里，每天都会有一群孩子围观蚕宝宝、小蚂蚁、小乌龟、小鱼儿；在美工区内，孩子总喜欢把各种颜色混合在一起；在建构区内，总有孩子兴奋地把“城堡”推倒；在沙水区内，每个孩子都能玩得不亦乐乎。孩子们看似在玩乐，实际上，孩子们在用他们的方式感知世界，理解科学，其过程和“牛顿试图解释地球引力与重物下降关系的过程”并没有本质的区别。

“每个孩子都是天生的科学家。”这是我园每个老师都会放在嘴上的一句话。为什么要这样说？

我们先来看一下科学家常用的技能：观察、推理、预测、交流、测量、排序、比较、分类、调查、建立模型、得出结论。在幼儿园，以下这些情境您一定非常熟悉：自然角里，每天都会有一群孩子围观蚕宝宝、小蚂蚁、小乌龟、小鱼儿。美工区内，孩子总喜欢把各种颜色混合在一起。建构区内，总有孩子兴奋地把“城堡”推倒。沙水区内，每个孩子都能玩得不亦乐乎。

在这些时刻，孩子们的专注度和精力往往是非常惊人，如果时间允许，他们能花费几个小时集中在这些有趣的事情上。

看似在玩乐，实际上，孩子们无意识中运用了观察、推理、预测、下结论等方法感知周围世界，抛开表象，其过程和“牛顿试图解释地球引力与重物下降关系的过程”并没有本质的区别。

可以说，每个孩子都在用"科学"的方法探究周围的人与物，观察其反应，企图发现其背后运行的机制和规律，并获得自己与外部世界之间的联系。

爱因斯坦曾经说过："提出一个问题往往比解决一个更重要。因为解决问题也许仅是一个数学上或实验上的技能而已，而提出新的问题，却需要有创造性的想象力，而且标志着科学的真正进步。"毫无疑问，通过这样朴素的"观察——预测——实验——推理——下结论"的探究过程对孩子以后"创造性地解决问题的能力、运用判断进行思维的能力、在集体中协同工作的能力、有效地运用技术的能力"等以及知识经验的增长都是十分重要的。

"MY 课程"强调"顺势而为"，我们在科学与探索这一板块的宗旨是提供机会让孩子更"专业"地运用这些科学的方法建立事物之间的联系。

为此，我们引入了"项目化学习"，通过创设真实的问题情境，激发幼儿经历提出问题、观察、推理、预测、交流等多种实践，最终形成幼儿个性化的项目成果，促进问题解决等学习能力的发展。其核心理念是让每一个孩子成为积极主动的学习者，这与孩子喜欢探索周围世界的天性高度吻合。

我们根据小、中、大班不同的年龄特点，分年龄段开展针对性的实践研究。自研究以来，我们立足于一线教育实际，真正思考孩子感兴趣的内容。从项目确定、项目进行到项目结束，试图克服一切困难，为孩子的探究提供更加充足的机会。

我们开放了弹性的作息时间，创设了"free40"的探究时间，提供了"户外 40 件事情"的微课程。在幼儿园的全力支持下，老师充分发挥自己课程领导力，先后形成了"创设低结构探索区、支持性互动墙面"、"观察日记书"、"气泡图"、"实地调查"等项目化学习实施策略。

经过教师们不懈努力，我们的孩子有机会经历真正的学习，他们不仅学会了如何观察事物，还知道了如何记录自己的观察结果；不仅理解了正确信息对于探究的重要性，还学会了如何科学地搜集信息；不仅收获了自己探究的方法，还懂得了如何寻求同伴和成人的帮助。

课程现场 2－1

发现桥的秘密

项目化学习的核心理念是让每一个孩子成为积极主动的学习者，这与幼儿喜欢探索周围世界的天性高度吻合。项目化学习让幼儿自主自发的学习成为了可能，随着项目的推进幼儿学会了运用工具进行探究、实验和记录，从中形成寻找资源和寻求同伴与成人协助的策略。项目化学习就是这样自然而然地促进幼儿学习能力和学习品质的发展。

现场与实景

国庆假期结束，在聊国庆趣事时，孩子们把话题自然而然地引向了“桥”。我立刻想到了有关桥的关键经验。趁着孩子们兴致高昂之际，我组织孩子们开展了一次讨论活动，孩子们对桥提出了许多问题：“人们为什么要造桥？”“怎么样的桥最牢固？”“用什么东西来造桥？”“要有几个桥墩？”

发现与解读

桥是孩子们日常生活中经常接触的建筑，他们对桥的功能、构成和外形积累了一定的感性经验。并且经过同伴之间的相互讨论，他们从同伴的经验中丰富了自己关于桥的经验，提出了很多的问题。但是因为大班幼儿思维的特点，他们提出的问题基本是散点式的。为了把孩子们从无序的思考导向具有一定逻辑的结构化思考，我们把问题全部罗列出来，与孩子们一起把问题梳理成三大类，即桥的种类，桥与生活的关系以及桥的构造，并结合课程内容形成“桥”项目化实施的网络图。

设计与实施

支持孩子们对这些问题的探究，我规划了一些实践活动，激发他们深入探索桥的兴趣。比如，家委会策划一次实地考察，参观嘉定周边的各类桥。考察回来之后，我们分享彼此的考察结果，我鼓励孩子们把自己的发现记录下来。在这个过程中，我引导孩子通过观察、比较和分析，表述桥的不同特征作用。

孩子们记录下的桥	桥的作用
拱桥	过河
吊桥	升降很特别
立交桥	为了让路变得更多一些
人行天桥	为了(行)人的安全把(行)人和汽车分开
跨海大桥	连接海峡
独木桥	走上去很刺激

我还在班级图书角投放了一些关于桥的书籍，为孩子寻找解决桥的构造以及桥的材料等问题提供资料。我也在班级环境张贴了孩子们收集来的各种不同的桥，在材料超市投放一些积木材料、卡纸、卷筒、扭扭棒等材料，并创设了探索展示墙。我希望孩子通过与周围环境和材料的互动，结合已有桥的经验，产生建构桥的想法。以下，就以由三个女孩组成的 A 小组造桥全过程为案例，剖析以桥为主题的项目化学习中孩子的发展。

在个别化活动中，孩子们兴高采烈地讨论如何去造一座坚固的桥。我认为有必要组织一场关于造桥的讨论活动，讨论活动结束，孩子们一致决定要制定一份造桥“计划书”。

镜头一：制订“造桥”计划书

孩子们制作的第一份计划书，上面记录桥的形状，以及制作桥的材料。可是在造桥的过程中，他们遇到了很多的困难。玲玲提出：我们先做桥的什么？我拿什么材料做拱桥？小米看看计划书，对玲玲和妍妍说：要不我们把所有的东西都拿来吧。他们手忙脚乱地拿了很多的材料堆满了整个桌子，无从下手。

从这里，我们可以看出，孩子有制作计划书的需求，但对如何制订一份有效的计划书，他们是有困难的。

其实，设计、制作计划书，对孩子学习能力的发展具有重要的价值。在这个过程中，孩子们可以把散点状、零散式的想法系统地记录下来，从而建构起对概念连贯性和完整性的认识。并且，在思考计划书制作的过程中，孩子们会积极动脑思考具体操作时需要的材料和步骤，从而培养了科学思考的能力，获得设计和计划的技能。

我在思考应该搭建怎样的支架促进孩子在这些方面的发展。我没有把解决方法直接告诉与孩子，我想让他们带着现在遇到的问题，去寻找相关的资料和解决问题的方法。

镜头二：修改“造桥”计划书

孩子们各自回去收集了各类材料操作书，有积木搭建操作书、有玩具组装操作书、宜家家具组装说明书等。我将这些资料布置在主题探索区中，让孩子在个别化学习的过程中随时翻看。同时，我还组织了一次集体分享活动，和孩子们一起梳理了一份有用的计划书应该包括哪些内容。

造桥活动又开始了，小米对玲玲说：我们去找一个可以做拱桥桥面的东西吧。又指着计划书对妍妍说：你去拿桥墩的材料，要方的和圆的那种。

镜头三：解决造桥问题

他们三人在造桥的过程中遇到了这三个问题：

问题 1：塑料的桥墩与纸碗做的桥面无法用固体胶粘合

问题解决：小米和妍妍商量用纸质的卷筒纸芯替换掉塑料瓶盖，用美纹胶来固定桥面和桥墩。

问题 2：空心的卷筒纸芯的桥墩站不稳

问题解决：三人找来一次性纸杯，将纸杯口均匀剪开成裙摆状，塞进空心的卷筒纸芯，从而增大桥墩与桌面接触面积，解决了桥墩站不稳的问题。

问题 3：拱形桥面和桥墩空隙太大，造成拱桥不牢固

问题解决：他们在拱形纸碗桥面和卷筒纸芯桥墩中间加了硬纸板，并找来圆形的蛋糕托塞到缝隙里，增加桥面的牢固性。

在过程中，我根据孩子们探究的情况，在材料超市提供各类圆柱形材料（卷筒纸芯、一次性纸杯、瓶盖等）；在工具架增加了透明胶和美纹胶等材料；我鼓励孩子们围绕问题进行分析、讨论；赋予了孩子们充足的时间操作探索。

从上述案例中，我惊叹孩子们都是“专业”建筑师，其实，在找到最好的方式使桥稳固之前，他们就已经尝试过多种可能的方法。在这个反复实验的过程中，他们发现了两个物体之间缝隙越小，黏合度越牢，初步感知到了面积、压力等物理概念；他们还会运用创造性思维方式决定如何使用我所提供的材料。整个项目化学习的过程中，孩子们都抱着极大的热情全身心地投入到探索中。

项目结束——大三班桥的设计展览会

在项目结束这一阶段，孩子们商量着开办一次桥的设计展览会。邀请其他班级的孩子和老师来参观。通过这样的平台，孩子们大胆地表达和交流自己在探究桥过程中的做法、想法和发现。

成效与感悟

回顾桥的项目化学习，我们可以发现不同发展水平的孩子在过程中都能找到适宜各自发展的平台，实现个性化的自我成长。我们看到孩子们对感兴趣的现象进行探究时，他们提出问题、观察和解决问题的能力会得到提高；当他们通过记录展示他们的发现时，他们的前书写能力会得到发展；当他们利用自己实地考察收集而来的资料尝试解决自己疑问时，他们分析能力和基于证据表达的能力得到了发展；当他们和同伴协商、交换意见共同完成任务，他们合作交流的能力得到了发展；当他们积极展示自己作品的过程中，他们表达交流的能力得到了提升……

当然，项目化对我而言，也是一段令人惊喜的旅程，在这个过程中我感到自己不仅是孩子的共同学习者，而且也开展了自己的探索旅程。我在记录、观察和倾听孩子的过程中成就我一段专业成长的历程。项目化学习的过程与幼儿发展的结果是一个动态的过程，我们一直尝试运用表现性评价手段科学地追随和推动孩子们的发展，这对于我们一线教师而言无疑是专业成长的飞越。从幼儿核心经验的梳理和确立开始，在真实的任务中记录幼儿的语言，行为，作品和关键事件，形成幼儿的成长档案袋，使用已有的学习品质和学习能力的评价工具对孩子进行过程性评价，并以此为基础探索项目化实施的途径，探索支持孩子学习的策略，科学有效地推进项目化学习，让真正的自主学习得以实现。

项目化学习让我和孩子们一起成为了探索家，让教和学都成为了持续不断的探究过程。

（撰稿者：陈　雪）

课程现场 2-2

蜗牛日记

现场与实景

轩轩小朋友带来了家里的新成员“白玉蜗牛”和小朋友一起饲养。蜗牛一下子成了班里的新宠。蜗牛住进了饲养盒里，一到自由活动时间，蜗牛旁边就围满了人。“这是蜗牛，它的背上有一个壳。”“它在爬，它爬的好慢呀。”“看呀，它缩到壳里去了。”有的孩子透过透明的饲养盒观看蜗牛爬行，有的忍不住伸出手指碰碰蜗牛的头，让蜗牛的头缩进壳里。涵涵还从自然角的工具盒里找来了放大镜对着蜗牛仔细地观察。

在饲养蜗牛一周左右的时间，孩子们发现蜗牛不出来活动了，有的蜗牛发黑发臭了。孩子们有的坐在饲养盒前观察很久；有的用手指去触碰蜗牛；还有的把蜗牛拿在手里颠来倒去的看……“蜗牛是不是生病了？”“蜗牛可能不喜欢这个家？”“蜗牛是不是太冷了，冻得生病了？”这究竟是怎么回事呢？

发现与解读

从上述的实景中可以看到，在一天天的观察与发现中，孩子们对蜗牛每日不同的变化尤其感兴趣。当时正值冬天，饲养角里的蜗牛都在冬眠，还有一部分的蜗牛死掉了。这引发了孩子们激烈的讨论，大家都在商量怎么保护蜗牛，让蜗牛安全地度过冬天。实际上，这是让孩子们亲身体验蜗牛的习性和生存环境的好时机。这些信息不仅仅只停留在科学书本和视频中，而是可以让幼儿通过观察、实验等科学的探究方法亲身体验并得出结论。因此，我们决定开展关于“蜗牛”的项目化学习。

同时，在项目化学习中，绘本之于孩子的发展有着重要意义。绘本对于孩子而言，既是享受阅读乐趣，获得阅读经验的读物，更是拓展已有经验的有效载体。具体而言，孩子在绘本中可以体验思维的过程、积累个性表达方式、丰富精神世界。

下面，以大班“蜗牛”的项目化学习为例，谈一谈教师是如何利用绘本引导幼儿经历一段创造和思考的过程。

设计与实施

当确定了“蜗牛”是适合的主题时，教师预设了网络图，思考课程可能发展的方向，根据幼儿的探究进程，确定以绘本为主导的推进策略开展我们的项目化学习活动。

一、确定项目主题，形成网络图

蜗牛是在大班——动物大世界的主题之下，在一次关于“动物是怎么喝水”的讨论中，孩子们对软体动物——蜗牛是怎么喝水的展开了热烈的讨论。

基于此，我梳理了幼儿的问题，基于基本经验，对问题背后的教育契机进行价值判断，形成了“蜗牛项目化学习“的网络图。

我将所记录的幼儿提问大致分为三大类：蜗牛的外形特征、生活习性以及保护方法。我期望孩子们通过对蜗牛这三方面的探究，能发现蜗牛的壳与柔软的身体、黏液与蜗牛的行动之间的关系；可以初步感知和理解蜗牛外形特征、习性和生存环境是相互适应的；能够用图画及图表的方式记录蜗牛的食物偏好及对生长环境的喜好。

二、根据探究进程，确定推进策略

1. 捕捉兴趣，激发探究

用什么办法可以让蜗牛安全地度过冬天？这是我提出的问题。在这个任务意识的驱动下，孩子们开展了一系列的尝试。他们给蜗牛做被子、带蜗牛晒太阳，还有孩子带来了加热毯和暖宝宝。每次实验后，教师会组织孩子进行讨论，最后大家达成一致，蜗牛不能晒太阳，适宜在温度为 17－25 度的环境中生存，为此，孩子们还带来温度计，每天测量蜗牛暖棚里的温度，悉心地照料蜗牛。

春天来了，冬眠的蜗牛也醒了，孩子们正式开始饲养蜗牛。在外形特征的探究中，事实上，在中班下学期，孩子们就饲养过蜗牛，他们对蜗牛基本的外形特征非常的熟悉。对于大班的孩子，我更多的是引导理解蜗牛外形特征存在的意义。在孩子们收集相关信息的基础上，我通过组织谈话活动，和孩子一起分析、筛选他们收集而来的信息，同时，配合饲养角的观察活动，验证这些信息。

此外，我还通过组织小组观察、实验活动引导孩子们深入研究蜗牛最喜欢吃的食物？中班的时候，孩子们就知道蜗牛喜欢吃嫩绿的叶子，但是孩子们对蜗牛具体的食物还很模糊。这样的活动安排让孩子在持续一段时间的观察、记录、比较、分类的实验过程中，深入了解蜗牛的食物，对蜗牛的食物有更加具体、更有层次性的认识。孩子们知道了蜗牛喜欢吃桑叶、菜叶、土豆叶，茄子叶，最喜欢吃桑叶。

2. 借用绘本，激活深度思考

我们相信，幼儿是有能力的学习者，他们在力所能及的范围内渴望学习。作为教师有义务帮助幼儿经历真正的学习，引导他们通过多种方式再现学习成果。在这里，我利用幼儿熟悉的绘本《蚯蚓的日记》帮助他们经历有序的思维和有效的输出过程。

(1) 绘本成为幼儿思维的工具

最初幼儿通过观察记录、查阅资料等方式收集到了大量的蜗牛相关信息。比如，幼儿发现蜗牛的嘴巴长在头上；还有的幼儿从资料上看到蜗牛是雌雄同体的。我们可以发现幼儿的发现是方方面面的，有的还很偏门。

怎么有序地呈现这些信息，让幼儿的探究有框架？如何促进幼儿结构化思维的发展？

带着这样的思考，我想到了借鉴绘本的表现方法，选择了《蚯蚓的日记》这本图画书。小蚯蚓在讲述自己的生活故事的过程中，以诙谐、幽默的口吻，告诉大家蚯蚓的外形特征、生活习性以及自我保护方法。这不正是蜗牛的探究框架吗。

所以，我和孩子们一起梳理了《蚯蚓的日记》的结构，将蚯蚓的外形特征、生活习性以及保护方法从故事情节中抽离出来。

孩子们对照这三大类，把收集而来的蜗牛信息进行归类和整理。但是，在这个过程中，我发现，孩子们收集的信息有些是科学的，有些是不正确的。比如，幼儿觉得蜗牛喜欢晒太阳，因为太阳给了我们营养。事实上，蜗牛不喜欢晒太阳，它们喜欢阴暗、潮湿的环境。所以这一阶段的任务，是去除假信息，保留真信息。

(2) 绘本成为幼儿表达的工具

孩子们以小组的形式认领任务，分成三组对信息进行科学的筛选和验证。最终形成了《蜗牛日记》。

但在共读的过程中，孩子们发现这样的日记不吸引人，只是告诉大家蜗牛相关的科学的信息。所以，我和孩子们再一次阅读了《蚯蚓的日记》。孩子们发现日记中是用"我"的第一人称，通过诙谐、幽默的语言向大家呈现蚯蚓的科学信息，例如，绝对不要在爸爸吃报纸的时候烦它。又比如，小蚯蚓告诉姐姐，不管花多少时间照镜子，她的脸永远长得跟她的屁股一个样。书中，是通过这样诙谐的情境，让大家知道蚯蚓的食物以及外形特征。

孩子们发现了这本日记中语言的小秘密，原来科学、严谨的知识可以通过如此有趣的语言表现出来，可以让人印象如此地深刻。

于是，孩子们兴致勃勃地开始了《蜗牛日记》的创作。比如，在外形特征方面，他们运用夸张的表现手法把蜗牛的嘴巴画的超级大。"别看我的嘴巴小，我可是世界上牙齿最多的软体动物。"

生活习性方面，他们说"今天太热了，我们散步的时候都快中暑了"。这是告诉大家蜗牛是不能晒太阳的，会把自己晒死。同时，他们还联系到自己去迪士尼玩，差点中暑的经验。

又比如，他们写到："哇！好大的一片菜叶，我决定今天什么事都不做，我要把它吃完。"这是迁移了《蚯蚓的日记》中关于食物的表现手法。日记中说到，"今天我忘记带午餐，独自实在太饿了，只好吃回家功课"。

又比如，保护方法中，他们在探索的时候发现，蜗牛是靠坚硬的外壳保护柔软的身体的，而且他们还发现鸟是蜗牛的天敌。他们借鉴了《蚯蚓日记》中关于保护方法的一篇："钓鱼季从今天开始，我们全都钻到更深的地方。"创作了这样的故事情节："哇！天啦！大鸟来了！我们快点躲进壳里，装成石头吧！"

三、项目结束——新书发布会

我将孩子们创造的《蜗牛日记》装订成书，举行了一场别开生面的新书发布会。孩子们请来了其他班级的孩子和教师，兴致勃勃地向大家介绍自己的新书。

在这样的过程中，孩子们体验了绘本创作的乐趣，感受了语言的魅力。同时也体会了获得他人认可的成就感。

成效与感悟

通过以上的设计与实施，对于我们的项目课程实施有了以下几点感悟：

在项目的开始阶段，教师通过问题驱动，有效组织幼儿讨论、收集资料、自主实验让幼儿探索适合蜗牛生存的环境。"用什么办法可以让蜗牛安全地度过冬天？"这是教师提出的问题，在这个任务意识的驱动下，孩子们收集了资料并开展了一系列的尝试。他们给蜗牛做被子、带蜗牛晒太阳，还有孩子带来了加热毯和暖宝宝。最后大家达成一致：蜗牛不能晒太阳，适宜在温度为 17 − 25℃的环境中生存，为此，孩子们还带来温度计，每天测量蜗牛暖棚里的温度，悉心地照料蜗牛。这一阶段幼儿以集体讨论、小组合作、个体观察为主，让孩子通过提问、实验、推理认知过程得出结论。

项目进行时的主要任务是引导幼儿探究蜗牛最喜欢吃的食物，教师在幼儿饲养蜗牛的过程中发现孩子们对蜗牛食物的认识还很粗浅，因此，教师提出了"蜗牛最喜欢吃什么？"的问题，引导孩子在持续一段时间的观察、记录、比较、分类的实验过程中深入了解蜗牛的食物，对蜗牛的食物有更加具体、更有层次性的认识。最终，孩子们发现蜗牛喜欢吃桑叶、菜叶、土豆叶和茄子叶，最喜欢吃的是桑叶。幼儿在这一阶段主要以分小组观察和记录的方式，比较、判断蜗牛最喜欢吃的食物。

项目结束阶段的主要任务是引导幼儿用绘画的形式记录有关蜗牛的发现和经验。幼儿对蜗牛已经有了全方面的深入了解，他们有了展示自己所获知识的欲望。为了给孩子一个分享的平台，帮助幼儿总结经验，教师采用了《蜗牛日记》的形式，让幼儿将自己观察到的蜗牛和了解到的有关蜗牛的知识用日记的形式记录下来，帮助幼儿将目前的知识、过去经验和文本信息联系起来，也将同伴之间的经验进行了关联，帮助幼儿延伸自己的经验。这样的绘本创作也让幼儿有机会经历想象、推理、假设等认知过程。

（撰稿者：龚　亮　李淼苗）

课程现场 2-3

一只小鸡的探究之旅

现场与实景

五月的一天，小瑞瑞家里的新成员“小鸡”成了班里的爆炸新闻，以下是几个发生在我们班级的实景片段：

片段一：

瑞瑞小朋友家里的新成员“小鸡”成了班里的爆炸新闻，孩子们饶有兴趣地讨论着关于小鸡的各种问题。“我看过小鸡，黄黄的。”“我也看过！”“我家养过大母鸡，那是鸡妈妈。”“我家楼下的店里（活禽专卖店）有好多鸡。”“母鸡会下蛋的，我吃过鸡蛋。”“我也吃鸡蛋，鸭蛋。”……看着他们饶有兴致地讨论着关于小鸡这样那样的问题，在放学后悄悄地和瑞瑞约定：把小鸡带到幼儿园，我们一起饲养小鸡。

片段二：

班级新设的“临时动物园”造好了，我们的小客人“瑞瑞家的小鸡”住了进来。在饲养小鸡的这一周孩子们在一日活动中自由观察小鸡。

“这是一只真的小鸡！”在这里，一拨又一拨的孩子围着小鸡观察讨论着。幼儿：“你看，小鸡呢，本身身体很小，有的很小，有的胖一点有的瘦一点。”

“小鸡都是很小的，没有很大的小鸡。”

“小鸡的脚有三个脚趾头。”

“不是的，小鸡有四个脚趾头，她后面还有一个，是这样的（用手比划）。”

“小鸡的脚上还有一条一条的斑纹。”

“小鸡的脚比小兔的脚更长。”……

片段三：

在饲养小鸡一周左右的时间，临时动物园的收纳袋里装满了孩子们关于观察小鸡的发现记录。当我们聊起小鸡的时候，孩子们一个个关于小鸡秘密的问题引发了大家激烈的讨论：

幼儿：“小鸡的耳朵长在哪里？是里面还是外面？”

“小鸡为什么睡觉的时候是站着的？”

“小鸡有没有心脏？心脏也长在中间吗？”

“小鸡那么小，它有没有牙齿呢？”……

发现与解读

从上述的实景中可以看到，“小鸡”对于现在生活在城市里的孩子来说是“最熟悉的陌生人”。孩子们从牙牙学语的时候就知道了小鸡的存在：小鸡有一个黄黄的、毛茸茸的身体；小鸡喜欢吃虫；小鸡不会游泳，小鸭会游泳等等这些经验都是成人所告知的。所以当孩子们看到真正的小鸡时，他们发现原来小鸡身上藏了那么多他们所不知道的秘密，这些秘密深深吸引了他们，激起了他们想要探究发现小鸡秘密的强烈欲望。

凯兹(1995)提到早期阶段是个体发展各方面最重要的时期，且幼儿天生就具有探索周围环境的特质。幼儿时期也正是学习读、写能力及运用其他各种相关技巧的关键时期，为他们提供机会主动体验及投入学习活动是很重要的。因此，我决定在我的课堂中实施项目课程教学。

项目课程意味着对某一值得学习的主题进行深入的探究，探究的成员通常是班级中的小组，有的时候包括全班，有的时候也可能是单独一个儿童。项目课程的主要特征在于它针对某一主题进行探讨，焦点在于寻找相关问题的解答，而这些问题是儿童、教师或双方共同提出的问题。(凯兹，1994)

项目课程的根本特色是探索——即幼儿就自己或与教师共同提出问题，或就调查过程中出现的问题寻求答案的一次研究。课程的焦点在于帮助幼儿提问并寻求答案，让幼儿在真实的情境中主动探索。

设计与实施

根据幼儿在讨论中提出的问题和项目课程的特定架构，我设计了以下过程来开展“小鸡”项目化的学习活动：确定项目主题——开展项目探究——结束项目。

一、确定项目主题，师生共建主题探究网

当确定了“小鸡”是适合的主题时，教师预设了网络图（见图 1），思考课程可能发展的方向。

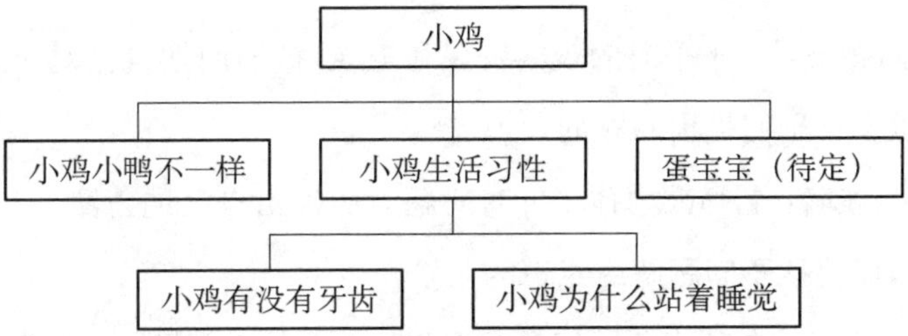

图 1　问题墙

二、通过各种支持策略推进幼儿开展项目探究

项目化学习的核心就是要启动幼儿主动学习。如何促进幼儿自主自发地进行探究学习，丰富孩子的探究体验，帮助孩子养成良好的学习品质和学习能力？我们尝试了以下几种策略。

1. 创设开放、自主的低结构探索区

我们认为，在项目化学习中，低结构探索区是支持和推进孩子自主探究的“第二个老师”，低结构的探索区给孩子最大的探索空间，让孩子在自己主导的学习活动中自由

探究和发现，让孩子有足够的空间个性化表达自己的发现。因此，在小鸡的探究中，我们开辟了小鸡饲养角，小鸡资料区，小鸡探究展示板等。

牙齿组的孩子在区域中积极探究，有的用放大镜观察小鸡的嘴巴；有的孩子喂小鸡吃东西观察小鸡的嘴巴；有的孩子用照相机拍下小鸡嘴巴内的照片，放大到电视机上。在低结构的探索区中，孩子是学习的主体，孩子历经了亲历探究和发现的过程，通过自主观察、记录、实验等活动，体验有意义的探究过程，主动习得经验，自主获得有效的探究方法。

2. 创设支持性的互动墙面

作为一种"隐形课程"——班级环境，它的真实和自然，能够支持和推动孩子探索内在以及外在世界，帮助孩子成为敏锐的，有判断力的观察者和学习者。

为此，我们充分利用班级环境——墙面(见图 2)，物化孩子们问题解决的过程，为孩子们的探究学习提供隐形支持。在小鸡的探究中，随着孩子们探究的深入，我们依次创设了：

(1) 发现记录墙：老师把孩子们自主记录下来关于小鸡的观察发现呈现在发现墙上，支持孩子与同伴的发现经验建立联系。

(2) 互动问题墙：基于平时的观察发现和记录，孩子们把自己对小鸡的疑问和困惑记录上墙，激发孩子们提出问题的意识。

(3) 猜测推理墙：老师鼓励孩子针对问题大胆提出自己的猜测和推理，并给出解决问题的方法，促使孩子问题解决意识的萌发。

(4) 实证探究墙：老师将孩子们最为聚焦的两个核心问题：小鸡有没有牙齿？小鸡为什么站着睡觉？做成两块实证探究墙。针对这两个问题，孩子们自主分组进行探究，将实证资料呈现上墙，如照片、书中找到的资料、网上打印的材料等等，帮助孩子形成基于问题进行探究的意识，基于证据表达表现的能力。

3. 鼓励自主记录的学习方法

孩子是自己学习的主体，孩子每一个的自主发现都值得深入研究，但是学龄前孩子的探究有着很大的随意性和无意性。如何在保护孩子好奇好玩的天性的同时，让孩子体验有意义、有目的的探究学习？

基于这样的思考，我们研究了幼儿自主记录的学习方法，鼓励孩子把自己的发现，猜想以及搜集到的信息自主记录下来。例如，在小鸡的探究中孩子们形成了小鸡观察日记本、小鸡故事书等自主记录。

从无意义的观察到饶有兴趣的记录，再到有意义的学习，再到有目的围绕问题进行探究，"自主记录"这一学习方式贯彻在孩子整个学习的过程，帮助孩子理清自己思考的脉络，将碎片化的思考统整起来，推动孩子将所学经验与旧经验建立起联系，使孩子的"发现学习"趋向有目的地、有意义的探究活动。

4. 激活分析、比较的思维能力

在饲养小鸡第四天时，老师组织孩子开展了集体活动"小鸡小鸭"。孩子们能够运用已有经验对小鸡小鸭的外形特征进行比较，但是这些"比较发现"是零散、片段的个体发现，这样的呈现方式很难帮助孩子形成系统、完整和深入分析的思考方式。

为了激活孩子分析、比较的思维能力，我们研究学习了 Bubble Map(气泡图)，这是一个类似思维导图的思维工具，结构更简单，逻辑一般只走一层，也具有发散扩展的性质，所以特别适合小一点的孩子用它来发现和理解事物的多样特征，建立思维的联系。

因此，在随后小鸡和小鸭的故事的讨论环节时，我们支持孩子利用气泡图来比较小鸡和小鸭的相同和不同，在比较中帮助孩子建立新旧经验之间的联系，促进孩子从多维视角看待事物思维的萌发，从而有效激活幼儿分析、比较的思维能力(见图 2)。

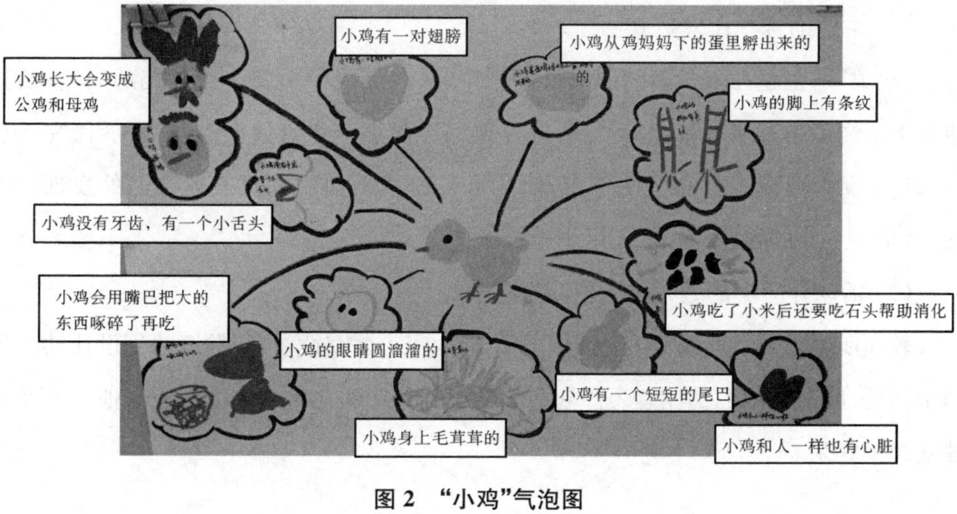

图 2　"小鸡"气泡图

5. 提供丰富、多元的选择课程

结合我们正在进行的“户外科趣活动”的实践研究，我们发现户外丰富的探究环境可以为孩子创设良好的、有意义的学习环境。在小鸡的探究中，孩子们把五只小鸡带到草地上，观察到小鸡吃小石子的现象，由此又引发了孩子对“小鸡为什么吃小石子”的探究。

三、交流分享各自的收获，结束项目主题

教师和幼儿讨论：你们学到了关于小鸡的哪些知识？你们打算和谁分享呢？孩子们表示要出一本关于小鸡的图书送给隔壁班级的小朋友。

教师提供了各类纸笔让幼儿自由出版图书，并鼓励幼儿走进其他班级进行交流分享。

成效与感悟

为了从反省和评估中获益，我们从项目化的实施、幼儿的参与度和教师的评估对活动进行评价。

1. 项目化学习活动的实施较为有效

（1）主题的选择比较适宜

“小鸡”的主题与本学期的课程目标相符合，在班级中引发多数幼儿的兴趣；幼儿能在生活情境中直接观察和接触到，这样他们可以第一手直接调查；在开展探究活动的过程中父母可以参与和发挥作用，幼儿可以通过不同的方式表述自己的发现。因此，这是一个好的主题。

（2）活动开展中的教师的支持策略有效

教师所创设的真实情景有效地促进了幼儿深入探究欲望，问题墙的创设让幼儿聚焦了问题，凝聚了他们的注意力。泡泡图的引入帮助幼儿将个体的经验与他人的经验建立起了联系。

2. 幼儿在活动中的参与程度较高

（1）幼儿在活动中的投入程度

班级幼儿在开展项目研究的过程中能够主动提问，并且能够主动记录下自己的问题，试图通过一些方法：网上查资料、寻找参考用书、实物观察、询问成人寻求问题的答案。

（2）幼儿在活动中开始合作学习

在讨论自己的发现和解决问题的时候，他们根据自己的兴趣分成了不同的研究小组，每小组的成员能够针对小组的研究问题谈论各自的想法，并尝试着一起制定小组研究的计划书。

（3）此次活动具有一定的挑战性和整合性

整个项目化学习的时间持续了3周，在这其中幼儿运用了各种记录的方式记录自己的发现和问题的答案，在这其中，他们尝试用各种实验的方法和观察工具解决问题，在读写、科学以及沟通技巧等方面的能力都有所提高。

3. 幼儿在活动中的文件档案存在不足，不足以用来评估幼儿的学习过程

在整个项目化学习开展的过程中，幼儿的文件档案建立的不够周全。文件档案中只收集了幼儿的作品、教师的观察记录，缺少了幼儿自我省思和学习经验的小故事，因此，目前班级所建立的文件档案不能将幼儿积极的探索、与他人的交流以及学习使用材料和工具的情况清楚地显示出来。教师不能从中完整地掌握幼儿在各领域发展的证据。

（撰稿者：李淼苗）

2-4
课程现场

蚕宝宝的成长记

现场与实景

四月初，孩子们纷纷从家里带来了蚕卵，有的还没孵化，有的已经从蚕卵里钻出来变成蚁蚕，小小的蚕宝宝一扭一扭，马上吸引了孩子们的兴趣。有的孩子说："我养过蚕宝宝，它们白白的，很可爱。"有的说："蚕宝宝会变成飞蛾的。"有的说："我知道蚕宝宝喜欢吃桑叶。"……在每天观察蚕宝宝的过程中，我们时常还会听到孩子会提出各种各样的问题，比如"蚕宝宝有嘴巴吗？""蚕宝宝身上的小点点是什么？""蚕宝宝是怎么吐丝的？"可见，蚕宝宝虽然对孩子们来说是一位熟悉的朋友，但是也充满着许多的未知。

发现与解读

幼儿在科学学习的过程中，其认知、情感、动作往往是一体的。幼儿的认知过程充满着情感体验，情感体验本身也渗透着认知。如果只是学习现成的科学结论，而忽视了对科学探究过程的理解与体验，那么幼儿就不能很好地理解科学的本质。所以科学探究的学习过程应能有效保持幼儿对自然的好奇心、激发他们的求知欲，使他们体验探究过程的喜悦与艰辛，促使幼儿主动建构具有个人意义的科学知识与技能，习得科学探究思维的方式。

从幼儿观察蚕宝宝时专注的眼神，我们感觉到幼儿对蚕宝宝是充满兴趣的，他们也有着强烈的探究欲望，但是光有兴趣和探究欲望就能确立一个项目化学习的内容了吗？

我从幼儿已有经验、探究兴趣、探究对象的可操作性以及核心经验的角度进行思考。《可爱的蚕宝宝》项目化学习是可以开展和实施的。我们根据幼儿的经验和问题，结合课程内容形成了“蚕宝宝”的项目化实施的网络图，并不断追随着幼儿探索的脚步，共同体验有温度的科学探究过程。

设计与实施

第一阶段：全面观察蚕宝宝

基于幼儿的兴趣需求和探究需要，我们在班级的区域中开辟了一个专门探究蚕宝宝的项目化学习区域，并创设不同的墙面环境来支持幼儿的探究。

发现记录墙：把幼儿自主记录关于蚕宝宝的生长变化和观察发现呈现在蚕宝宝日记墙面上，支持幼儿与同伴的发现经验建立联系。互动问题墙：基于平时的观察发现和记录，幼儿把自己对蚕宝宝的疑问和困惑记录上墙，激发幼儿提出问题的意识。实证探究墙：我们根据幼儿提出的“为什么有的蚕卵是黑色的，有的是白色的？”的问题，做了一块实证探究墙，并针对这个问题进行了实验。实验过程中，我们将实证资料呈现上墙，如实验照片、幼儿的观察发现记录等等，帮助孩子形成基于问题进行探究的意识，基于证据表达表现的能力。

第二阶段：深度探究蚕宝宝

过了一周左右，我们发现幼儿探究的兴趣似乎减弱了，来到该区域的幼儿只是拿着放大镜观察而已。于是我利用“Free40”时间，组织了一次大讨论，鼓励幼儿大胆提问，提出问题的积极性被激发，新的问题层出不断：“蚕宝宝有鼻子、舌头、耳朵吗？”“蚕宝宝除了吃桑叶，会吃薄荷叶或者糖吗？”“蚕宝宝会打喷嚏吗？”“蚕宝宝会爬楼梯吗？”

“蚕宝宝会生病吗?”等等。

1. 梳理问题，建立小组

我们将孩子们的问题进行梳理和归类，分为蚕宝宝外形组、蚕宝宝食物组、蚕宝宝爬行组、蚕宝宝吐丝组、蚕宝宝健康组等几个小组。孩子根据自己喜欢研究的问题加入相应的小组，明确探究目的，一起寻求答案。

2. 根据问题，自主探究

形成探究小组后，我们鼓励幼儿带着问题寻找答案，有的询问父母，有的翻阅图书，有的和父母一起上网下载资料，有的还从家里带来了《蚕的一生》媒体音像资料。

在澄清相关概念之后，我们引导幼儿进行小组实验。如蚕宝宝食物组的孩子，提出薄荷叶和桑叶有点像，蚕宝宝会吃薄荷叶吗？于是孩子带来了薄荷叶，然后将两条蚕宝宝分别放在桑叶和薄荷叶上，孩子们发现薄荷叶上的蚕宝宝会爬到一旁，而桑叶上的蚕宝宝则不停的吃着桑叶，一段时间后，孩子们惊奇地发现薄荷叶还是完整的一片，而桑叶上则留下了几个蚕宝宝啃过的大洞洞。

3. 思维导图，建立联系

我们为每一探究小组都准备了一个实验报告袋，供孩子们收集整理小组实验报告，在分享交流环节，我们发现孩子对实验报告的理解和感知是散点的，没有形成一个全面清晰的思维方式。

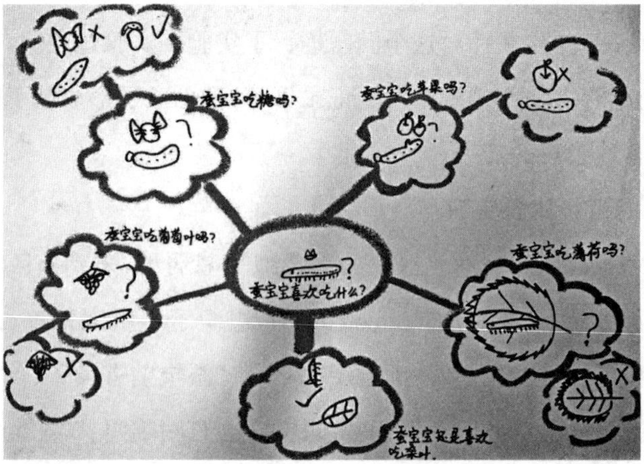

于是，我们支持幼儿利用气泡图来梳理实验结果，在猜测、发现中帮助孩子建立新旧经验之间的联系，养成系统的思考习惯。

第三阶段：探究蚕丝的价值

蚕宝宝吐丝的阶段，孩子们发现蚕宝宝吐丝的时候，会先在角落的外围吐丝织一张网，孩子们有的说就像打个围墙，有的说就像蜘蛛织网一样，接着才慢慢地开始结茧。他们还发现刚开始的时候蚕宝宝吐出来的丝是软软的，后来会慢慢地变硬，吐的丝有的是白色的，有的是黄色的。有的孩子还说蚕宝宝会不停地吐丝，然后把自己包起来。

孩子们在中班的时候就知道蚕宝宝结茧的具体方法和过程。蚕宝宝结茧前要吐丝织一张网，吐出来的蚕丝会变硬，是他们新获得的经验。我在思考如何帮助孩子深化对新经验的认识。

1. 提供新事物，引发新热情

我投放了一张蚕丝扇图片，引发孩子们讨论"蚕丝扇是怎么做的呢?"孩子们假设"是蚕宝宝在上面不停地吐丝，就变成了蚕丝扇"。

2. 及时抛问题，引发新想法

根据孩子的假设，我抛出一个问题："我们知道，蚕宝宝要在角落吐丝，但是扇子上没有角落，那蚕宝宝还会吐丝吗？又怎么吐呢?"我们决定通过一次实验来探究蚕丝扇的制作方法。

3. 基于新实验，投放新材料

我们提供了一个自制的类似羽毛球拍的扇子骨架，我们将几条蚕宝宝放在上面，孩子们发现蚕宝宝会慢慢地往上爬，在扇子上开始吐丝了。两天后，孩子们又发现蚕宝宝只在扇面的上半部分吐丝，下半部分没有蚕丝。于是孩子们想把扇子倒过来，让蚕宝宝换方向爬。不久之后，扇子骨架上都是一排排蚕宝宝吐的丝儿。孩子们看着扇子不由得发出"哇，扇子平平的、还有点亮亮的"。摸一摸扇面，"哇，好滑呀!"，扇一扇"好风凉呀!"孩子们通过实验验证，得出结果：没有角落，蚕宝宝同样还是会吐丝。

活动来源于生活，最终还是要回归于生活，于是利用空余时间，我又通过媒体与幼儿一起观看了一些蚕丝制品，又拓展幼儿对蚕丝作用的生活经验。

第四阶段：比较菜粉蝶与蚕蛾

随着时间的推移，有的蚕宝宝开始破茧而出，变成了蚕蛾，孩子们又发现了蚕蛾会尾部对着尾部，通过上网查找，孩子们知道了这是蚕蛾在交配，是在孕育生命，他们说“他们结婚了”、“在找老婆”……

项目化进入了第四阶段，似乎也正在慢慢地进入尾声。但是一次小菜园户外观察后带回来的小青虫与我们的蚕宝宝发生了联系。小青虫在短短的几天内也慢慢地也发生着变化——从蛹变成了菜粉蝶。孩子们自发地将菜粉蝶与蚕蛾进行着比较，“他们都是会变成蛹的。”“菜粉蝶要比蚕蛾大一点。”“菜粉蝶上好像有花纹的。”

通过分享交流，我们发现幼儿已经能够运用已有经验对菜粉蝶和蚕蛾的外形特征进行比较，有的甚至还会联系之前两者的生长变化过程进行比较，但是这些“比较发现”是零散、片段的个体发现，这样的交流方式很难帮助孩子形成系统、完整和深入分析的思考方式。因此还是需要借助一种媒介帮助幼儿对思维进行梳理，我不禁又想到了思维导图。

这是我们幼儿发现的菜粉蝶与蚕蛾的相同和不同之处：

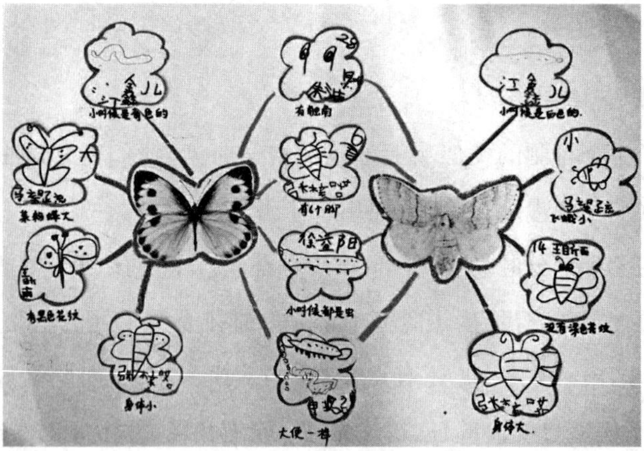

成效与感悟

一、追随中强调“互动——构建”：在手动、心动、口动中提高科学探究能力

中班幼儿的认知来源于日常生活的经验与观察，更具有情境性、具体性的特点，因而需要教师提供“鹰架”，通过引导幼儿手动、心动、口动，逐渐提高其科学探究能力。

手动：即实践，幼儿亲手操作并实证探究，通过小实验的方式直接体验，并获得科学经验、掌握科学的探究方法。

心动：即思考，幼儿在实践操作中积极动脑思考，不断发现、观察和解决问题，突破原有经验，构建新经验。

口动：即交流，幼儿把观察到的现象、实验所得出的结论进行相互的分享交流，在表达中理清自己的思路，思维能力与口头表达能力得到了锻炼；同时还能从他人那里获得自己未曾注意的观点，调整自己的观念，解决自己的认知冲突。

二、追随中学会“发现——调整”：在观察、思考、实践中提升课程实施能力

项目化学习围绕着自主性这一重要目标，注重以幼儿为主体，尊重幼儿的兴趣和需求，积极地为幼儿提供自主探索的机会。但值得我们深思的是：主体性并不意味着忽视幼儿身心发展上的注意力易分散、行为随意性较大的年龄特点；自主性不等同于放任幼儿自行活动，进而没有很好地顾及幼儿在学习中可能遇到的困难、问题，往往造成失败，导致幼儿缺乏自信，失去兴趣。因此教师提供支持的背后，更需要有观察、思考和实践的过程，这样课程才会有效，课程实施的能力才会有提升。

观察：即发现，幼儿在与材料的互动，与同伴的交流中发现其当前的兴趣热点、存在的问题及各种需求等，获取幼儿情况发展的一手资料，是课程有效实施的基础。

思考：即反思，反思幼儿行为出现背后的原因，并从幼儿的发展经验进行分析，从

课程目标进行思考调整，是体现课程实施有效的关键。

实践：即操作，基于幼儿行为、发展经验及课程目标的反思优化，有目的地开展活动，并促进幼儿各方面发展，是课程有效实施的成果。

（撰稿者：黄　婷　沈艳皎）

第三章　游戏与娱乐课程：享受与孩子们共同游戏的愉悦感

席勒曾经说过："人类在生活中要受到精神与物质的双重束缚，在这些束缚中就失去了理想和自由。于是人们利用剩余的精神创造一个自由的世界，它就是游戏。这种创造活动，产生于人类的本能。"游戏是基于幼儿内在需求的自发自主性活动。教师是"观察者"，从"解决游戏中的问题"的转向"理解幼儿的游戏行为"；教师是"支持者"，更多地尊重幼儿的想法，支持幼儿的创造行为，满足幼儿的需求，享受与幼儿共同游戏的愉悦感。

关于"游戏"，《辞海》是这样定义的：以直接获得快感为主要目的，且必须有主体参与互动的活动。这个定义说明了游戏的两个最基本的特性：一是以直接获得快感（包括生理和心理的愉悦）为主要目的；二是主体参与互动，主体动作、语言、表情等变化与获得快感的刺激方式及刺激程度有直接联系。

在动物世界里，游戏是各种动物熟悉生存环境、彼此相互了解、习练竞争技能、进而获得本领的活动。在人类社会中，游戏不仅仅保留着动物本能活动的特质，更重要的是作为高等动物的人类，为了自身发展的需要创造出多种多样的游戏活动。

当然，游戏并非完全为娱乐而生，而是一个严肃的自发性质的活动，怀有技能训练和智力培养的目标。德国美学家席勒认为："人类在生活中要受到精神与物质的双重束缚，在这些束缚中就失去了理想和自由。于是人们利用剩余的精神创造一个自由的世界，它就是游戏。这种创造活动，产生于人类的本能。"因此，游戏不是没有目的的活动，游戏并非与现实生活没有关联，游戏是为未来生活作准备的活动。

纽曼(Neuman)指出：控制(Control)、真实(reality)和动机(motivation)是游戏活动的评判标准。据此，我们可以将对游戏的控制、对游戏情境真实性的自主决定程度及游戏的动机作为幼儿园游戏活动开展的"主体"准则。

然而，国内很多幼儿园普遍存在幼儿主体性地位不能完全保障的现象。教师对游戏活动的指导存在误区，集中表现在对游戏特质、游戏价值、游戏评价等方面的理解偏差。如：在游戏的指导中，教师常在无意中"越俎代庖"，改变幼儿自主游戏的走向，干扰或中止正在进行中的游戏等，违背了幼儿为主体的特质。很多教师在游戏干预中还会出现明显的教育痕迹，对游戏的教育性和娱乐性双重特点的认识上，更重视前者。另外，不少教师在游戏评价中存在"重结果、轻过程"的倾向，容易用游戏结果判断幼儿游戏水平的高低，却忽视幼儿游戏过程中情绪体验、意志品质等，也缺乏对个体幼儿的纵向评价。

游戏活动是一种基于幼儿内在需求的自发自主性活动，幼儿在游戏中具有完全的自主权。基于对幼儿游戏特质的充分认识，在"MY 课程"理念的引领下，我园扎实推进室内外游戏组织与实施的实践研究，有效改变教师的游戏理念及实施策略。

首先，我们为幼儿选择适宜的游戏场地，提供丰富的低结构材料。户外游戏提供优美的自然环境，室内游戏中创设留白的空间，这些环境都有利于调动幼儿的愉快情绪，从而引发积极的游戏体验。此外，低结构材料更是有利于激发幼儿联想多种经验，促进幼儿思维和想象力的发展。

其次，我们赋予幼儿真正的游戏主权，教师在游戏中的角色更为"退后"。教师是"观察者"，一切的教育行为都建立在观察的基础上。我们鼓励教师掌握科学的观察技术，运用不同的观察方法追踪幼儿的行为。对游戏观察的价值取向从"解决游戏中的问题"转向"理解幼儿的游戏行为"。教师也是"支持者"，除了对游戏材料等物质上的支持，教师更多地尊重幼儿的想法，支持幼儿的创造行为，满足幼儿的需求。

最后，我们正确理解游戏评价，教师从对"游戏水平"进行单一评价转向对"幼儿在游戏中的发展"进行多元评价。过去，游戏评价较多关注到社会性发展，语言发展等；

而现在我们对游戏评价的认识进一步拓展，游戏是一个载体，通过对游戏行为的观察，让教师看到幼儿在认知、动作、情感、社会性、个性等方面的发展。

英国哲学家斯宾塞曾经说过："游戏本身并没有功利目的，游戏过程的本身就是游戏的目的。"诚如莎士比亚所言：游戏是小孩子的"工作"。让我们怀揣着教育的情怀，享受着与幼儿共同游戏的愉悦感，用"心"去观察，用"心"去理解，不断探寻着孩子们所喜欢的游戏之路！

3-1
课程现场

星际之旅

现场与实景

游戏源起—太空舱里的绳索

角色游戏开始了，金刚、国彬和扬扬选择了建构区这个场地，他们玩起了关于太空飞船的游戏。金刚拿了一筐水管积木，盘腿而坐，将一根根积木拼接成一长条。国彬和扬扬则搬了 1 张方桌和 5 把椅子摆放成船头的样子。放完后国彬看见金刚在搭积木问："你用水管积木搭什么啊？"金刚回答："绳索呀，我们一会出太空舱，要绑在身上的，不然人会飘掉的。"国彬边说边拆金刚搭的绳索："水管积木怎么绑在身上，这个像棍子，换一个吧。"金刚："那换什么啊，要不去问老师拿根跳绳吧。"国彬放下手里的水管积木，走到建构材料架前看了一下，回头对金刚说："有了，我们用扭扭积木吧，又能绑在身上，还能变长变短。"说完拿起一筐扭扭积木走到金刚旁边坐下，还喊了扬扬一起来帮忙，而扬扬正坐在太空舱里"开飞船"。国彬说："扬扬，你搁成自动驾驶模式，先来帮忙搭绳索。"于是三个男孩就坐在地毯上一直低着头安静地开始拼搭。拼搭了约十分钟，国彬第一个拼完，他站起来走向太空船船头，将绳索绑在小椅子的一个脚上，接着金刚和扬扬也把绳索绑在了另外两个椅子上。接下来的游戏时间里，扬扬和金刚一会坐在驾驶室里驾驶太空舱，一会走去小超市里买东西，国彬将绳索另一端绑在自己的腰间，走出太空舱，用笔在纸上画下了行星。

发现与解读

1. 游戏的源于经验

当前，班级中正在进行主题活动《我是中国人》，国彬和金刚、扬扬三个孩子特别崇拜航天英雄杨利伟，他们收集了很多杨利伟及航天的资料，每天自由活动的时间经常交谈关于杨叔叔的故事。由此引发了关于太空的游戏内容，并将自己在主题中所获得的经验以及自己所收集的资料、和同伴交流中所获得的经验融入了游戏中，从而支持他们进行游戏。

2. 合作意识逐渐增强

大班幼儿会选择自己喜欢的玩伴，并且开展合作性的游戏。在太空游戏中，我们看到了三位幼儿的合作意识和解决问题的能力。国彬和扬扬两人合作完成了太空舱的搭建；金刚和国彬协商解决了“用什么材料充当绳索最合适”的问题，且国彬会用语言向大家解释游戏的规则，如：“出太空舱要绑绳索。”

3. 象征性游戏趋于成熟

大班阶段幼儿的思维是直觉行动思维向抽象思维发展的，在游戏中较多出现替代行为，并且幼儿之间对替代物的一致认同度提高。在这个游戏中，国彬将扭扭棒替代为太空绳索的想法很快得到其他两位幼儿的认同，并且共同参与游戏。当然，很多大班幼儿仍由直觉行动思维指引行为，由此带来想一步做一步的游戏发展，并没有出现任何对游戏规划的行动。而对于即将升入小学的大班幼儿而言，抽象思维的发展对后期小学系统学习有着重要影响，为此，对游戏进行有序计划的能力是需要持续培养的。

设计与实施

和孩子们共同经历太空游戏的过程中，有时我是“孩子王”，为游戏精神而感到愉悦；有时我也是“发现者”，为孩子的创造性行为而感到欣喜。当然，在尊重“自主、自发”的幼儿游戏权利的基础上，我们也看到了幼儿的可持续发展。在下阶段，我该怎样唤起三名幼儿的计划意识，促进幼儿的思维抽象化的发展？

1. 加入游戏团队

我和孩子们一样对太空游戏抱有期待和欣赏的情感，国彬、金刚和扬扬也感受到了我对游戏的热情，带着这份热情我默默地进入了他们的团队，对他们选择的材料、构想的情节给予充分的肯定。

2. 和团队共同行动

情感的投入让我获取了孩子们的信任，那么我提出的一些问题也能引起他们的思考，从而推进他们进行游戏计划的行为。当我看到三个孩子在游戏开始独自建构，持续了约十分钟，我发现孩子仍然都在建构绳索，可见在游戏开展前并没有明确的计划与分工。如果长期处于这样的状态，孩子们对太空游戏的创造性探索行为可能受到影响。于是，我以同伴的口吻对他们说：“绳索要搭这么久，我们什么时候搭太空舱呢？”“怎么样能搭得快？”然后我们开始了讨论，在互动中孩子们达成了分工的共识，国彬和扬扬一起搭建太空舱，而我和金刚则一起搭绳索。果然，我们用很少的时间完成了初步的环境搭建，接着精彩的太空漫步、采集陨石情节出现了，大家都玩得很尽兴。

3. 和同伴分享智慧

在交流分享环节我特地和这三个男孩一起向大家介绍了他们的游戏，尤其介绍了分工的部分。很多孩子听了都对太空游戏产生了好奇。于是我顺势问他们：“这么多人想去太空玩，该怎么办呢？”国彬马上提出：“可以变成太空体验站，想要去太空的人提前和我们预约，我们还会有很多好玩的项目哦！”交流分享后，我马上又及时和三个孩子讨论计划，接下来该怎样把大家的游戏想法付诸行动？于是，大家又开始计划起来……

现场与实景

游戏发展——受人欢迎的太空舱

金刚、国彬和扬扬又开始玩太空舱的游戏了。三个人运用了前几次游戏的经验，一开始就商量，国彬说："扬扬，你先去用扭扭积木搭绳索，金刚我们两个人就出广告吧，我来画，你去叫客人来体验。"扬扬和金刚都点头同意。国彬将画完的广告贴在了太空舱头的椅背上，走到太空舱外和金刚一起招揽客人，轩轩走过来说："你们这边是干什么的啊?"国彬回答："这里是遨游太空体验店，这是我们的太空舱，可以带你去太空旅行看行星，很安全的，要不要来试一下?"说着就拉着轩轩走进太空舱，扬扬看到客人来了就起身站起来，让轩轩坐在椅子上并用扭扭积木当安全带绑在轩轩的腿上，告诉他："很安全的，你只要数到十就能到太空了!"说完又坐回自己的驾驶舱，十秒后，扬扬回头对轩轩说："亲爱的旅客，我们已到外太空，你可以绑好绳索走到太空舱外看行星。"此时国彬赶紧用雪花片撒在地上，并向轩轩介绍："这是冥王星，天王星，红色的那个是火星，蓝色的那个是水星!"第二位客人琪琪走进太空舱说："我也想体验，能不能给我在太空拍照的啊?"国彬说："可以啊，我们还可以现场打印照片!"琪琪又说："那没氧气罩我怎么出去啊!"国彬说："你等等，我找找用什么东西哦。"他在建构材料架上看了一圈，又走去了美工角的材料区，拿起京剧脸谱的面具给琪琪："这个就是氧气面罩，你放心吧!"

发现与解读

1. 计划意识的唤醒

经过多次共同商量讨论的经验，孩子们对游戏的计划逐步有了协商、分工的意识。

如他们能够对游戏过程中要进行的体验项目进行估计，并且做到任务分配均匀，每个孩子各自进行着自己的任务，并且完成得很出色。

2. 多元能力的展现

三个孩子在为顾客宣传时展现了较好的沟通能力、语言表达能力和逻辑思维能力以及合作能力。如：国彬根据顾客的要求及时调整遨游太空体验店的游玩项目，并寻找合适的材料去代替氧气面罩，随机应变以及物品替代能力也有了发展。三个孩子在游戏中的合作意识是非常显现的，然而，合作是双向交流的过程，指使和跟从都是合作行为的表现。我发现三个孩子之间还是存在一定差异。如：国彬在游戏中扮演了小小领导者的角色，给同伴分工、安排任务，是游戏的主导者，但是缺乏倾听同伴的意识；而金刚和扬扬始终听从国彬的安排，却少了一些敢于提出自己想法的勇气。孩子们对合作的认识与理解还需要依赖行动去内化。

设计与实施

1. 依赖行动的理解

学前儿童直觉行为思维的特点决定了幼儿是通过行动来认识周围事物的。为此，我利用游戏互动、交流分享等时机，在和孩子们互动中对合作的理解进行拓展，列举不同的合作行为，帮助孩子们梳理有效的合作方法，并且鼓励孩子们去尝试不同的合作方法，深度理解合作，提升合作能力。

2. 基于观察的介入

在游戏中，我经常在一旁观察孩子们的行为，在了解孩子游戏需要的基础上，有时我也会适当地介入，让孩子们体验合作带来的成功体验。每个孩子的性格和思维方式都是不同的，而教师可以适当的介入，引导幼儿从多种角度思考，有意识地在和孩子共同游戏中，让孩子尝试体验多种合作方法。

成效与感悟

1. 做幼儿游戏的观察者

游戏是老师观察幼儿，了解幼儿需求的良好途径。在尊重幼儿的基础上，我们要选择合适的观察方法从各个方面去解读幼儿。通过观察，我们能了解幼儿的兴趣所在，以及幼儿在现阶段的能力发展的情况，有了科学的解读和全面的了解便于老师提供合适的支持策略。

2. 做幼儿游戏的支持者

孩子是游戏的主导者，老师根据幼儿的不同需求给予不同的支持，例如游戏中所提供的材料、游戏的环境以及幼儿的已有经验都对幼儿的游戏有着直接的影响，那老师则应该从这些方面进行思考，给予支持，保证幼儿游戏的进行与开展。

3. 做幼儿忠实的玩伴儿

游戏需要陪伴，老师应该基于满足幼儿需求，不影响幼儿游戏的原则上成为孩子的玩伴儿，并在幼儿需要的时候把握介入时机，推动幼儿游戏的情节发展。

（撰稿者：秦　燕）

3-2
课程现场

三只小猪，演，演，演！

现场与实景一

游戏伊始：谁来演“大灰狼”

F1(欣欣)、F2(妹妹)、F3(霏霏)和F4(柚子)四人相约在一起游戏，F1提议：“我们就排三只小猪的舞台剧吧”，其余三人点头答应。

F1接着提出：“那需要先分好角色，我演猪老三，”F2说：“我演老二”，F4跟着说“那我演老大吧”，这时F3仍然不说话，大家异口同声对她说“那你就演大灰狼吧”。F3立马摇头拒绝，说道“我不想演大灰狼，我也要演猪老大”，F1便说道：“这次你就演大灰狼，下次换你演老大吧。”F3思考了会，便点头答应了。这时F4立马说道：“但还缺一个猪妈妈，故事里猪妈妈要出来说话的。”F1激动地说“F3你可以先演妈妈，再演大灰狼”。F3想了想，笑着答应了。

我的小感悟：

我给孩子贴标签了吗？——这是已有经验吗？——孩子让我们学到了什么？——怎样才能让孩子把他人的经验转化成自己的经验？

《三只小猪》的表演基本上是由F1发起的，然后得到了三位同伴的呼应。F1在自己选择了猪老三这个主角后，让F2,F3和F4选择余下的角色。F2和F4都很快地选择了猪老大和猪老二的角色，于是F1把“大灰狼”分配给了话语不多的F3。但F3马上“摇头拒绝”了。为了让F3同意，F1提出了“下次换你演老大”的权宜之计，F3只好勉强同意，在现场可以感受到F3的不情愿。

当我看到这里时，脑海中首先闪现的“结论”是：F1 太“强势”了，把最好的角色占为已有，把不喜欢的角色分配给别人，这样想着就有一种干预的冲动。耳边的声音又响起：“慢着！别动不动就给孩子贴标签！”于是，我按捺着自己的冲动，静观其变。果不其然，紧接着发生的事情让我庆幸自己的冷静。

当 F4 提出还有“妈妈”的角色无人扮演时，F1 马上把这个角色分配给了 F3，让她一人分饰两角，瞬间提升了 F3 在表演中的地位，F3 因此而笑逐颜开。就这么一个细节，我发现 F1 很在乎 F3“不情不愿”的感受，一旦发现了机会马上给予 F3 补偿。确实，“强势”这张标签实在不妥。《三只小猪》的表演是由 F1 发起的，所以 F1 在游戏表现出来的积极主动是再自然不过了，这说明 F1 是带着自己的想法开展游戏的。“有想法”是孩子自主性的重要标志，这难道不是我们老师乐于看到的吗？又怎么可以说是“强势”呢！F1 很想玩这场“表演”，她担心如果没人愿意扮演“大灰狼”游戏就不好玩儿了，所以她想方设法说服 F3 扮演“大灰狼”。但与此同时，她不是一味地只在乎自己的想法，同时还一直关注着 F3 的感受。

今天的 F1 确实让我“刮目相看”了，不仅有条不紊地分配角色，还用“轮流”和“一人分饰两角”的策略让 F3 高兴地接受“大灰狼”这个负面角色。在欣喜中我又有了思考：“F1 今天的表现是她已有经验的外显，还是‘昙花一现’的灵感？”我们在带班过程中比较容易把这两者混淆，通常把孩子的灵感误读为已有经验了。

根据《教育学辞典》的解释，“已有经验”是指：“学生在学习新知识前头脑中已经形成的，对学习新知识有促进作用的一些经验，体验，顿悟和信息的总称。”也就是已有经验是孩子已经形成的，并可以举一反三地运用到类似问题情境中的经验。已有经验是稳定且可复制的，灵感则是临时生成而不可复制。如果我们把灵感误读为已有经验，将会让孩子的发展需求被忽略。

基于这样的思考，我暂时按捺住激动的心情，把 F1 的优秀表现记录下来，以备日后在游戏中的持续观察，对 F1 的社会性发展进行科学的判断。此外，F3 的社会交往策略给了我很大的启发。以前发生这种“争角”事件的时候，我们习惯性地要么做一个调停人，要么就让孩子自己商量。表面上似乎解决了孩子间的冲突，但却没有从根本上让孩子自己习得交往技能。F1 分配角色中所运用的技巧确实给我提供很好的参考。记得徐则民老师总是一再强调，我们老师不能太自以为是了，很多时候我们都要向孩子学习。因此，教师在游戏观察中应该做一个“有心人”，把孩子们的奇思妙想记录下来，为帮助其他孩子解决同类型问题提供参考和借鉴。

怎样才能让孩子把他人的经验转化为自己的经验？

在游戏中发现了孩子们解决问题的智慧后，我们习惯在游戏讲评中让孩子们“现身说法”地介绍优秀经验，旨在把个体孩子的优秀经验转化为全体孩子的经验。

但是，幼儿的经验需要在持续不断的反复演练中建构而成。游戏讲评中仅仅依靠听他人的经验是不可能让没有身在其中的孩子获得新经验，只能说让其他孩子接触到了新经验，要把他人的经验转化成自己的新经验还需要多次反复的实践。因此，我们需要在后续的游戏中及时捕捉真实的情境，让孩子们在“做中学”中习得与人交往的方法和技能。

现场与实景二

游戏进行时：为什么在户外场地上那么好玩？

小型玩具屋

F1 指着一座小型玩具屋说，这个正好做房子，可以做老三的房子，这样大灰狼就吹不倒了。

三只小猪的表演开始，F1 自告奋勇地说：“我来念旁白。”说完，便开始念起故事，其他演员则根据她的旁白，边笑边做一些相应的动作。扮演老大的 F2 本是蹲在地上上下摆弄双手假装在造房子，她的旁边正好有一座钻桶山，F2 便挪到钻桶边，用力敲打钻桶，敲了一会便爬到了半山上，说道：“我的房子造到了一半，快要造好啦。”扮演老二的 F4 看见了，也爬上另一座钻桶山，用力敲了几下钻桶便往上爬一层，如此往复，直到爬到山顶。她俩造好房子后都高兴地坐在了自己的“房顶”上，笑嘻嘻地踢动着双脚。等大灰狼出来，她俩都躲进了“屋子”，当大灰狼纷纷吹倒了她们的“房子”，她俩抱着头，绕着钻桶山跑了一圈，最终躲进了老三家。

随意摆弄假装造房子

以钻桶替代“房屋”进行游戏

我的小感悟：

看着 F2 和 F4 在自己的“房屋”里玩得不亦乐乎，我心中生起了疑问：“在室内游戏室也有一个小阁楼，为什么他们在室内游戏时就没有玩这样的游戏呢？”带着疑问，我在午饭后把 F1 和 F2 叫到身边，来了一场访谈式“聊天”。

师："你们今天玩《三只小猪》玩儿得很开心啊？丹丹老师想知道，在室内游戏室也有一个小阁楼，为什么在室内的时候没看到你们玩《三只小猪》？"

F1："我们上过那个阁楼的，(它)太牢固了，摇都摇不动，不好玩。"

F2："丹丹老师，在外面有小树林，和《三只小猪》好像啊，大灰狼一来，我们都逃到树林里，这才好玩。"

F1："是的，在教室里不能这样跑啊，不好玩。我就是看到小树林，才想起《三只小猪》的。"

"聊天"虽短却让我豁然开朗。我们总是说游戏是自由的，游戏是孩子自发的。但要让孩子自由，自发和自主地开展游戏也是需要前提条件的。我们以前一厢情愿地把室内游戏场景布置成"一条街"，其实已经把游戏的内容和基本玩法都规定好了，"自由"仅停留在我们老师美好的想象中罢了。其次，"一条街"的内容其实是成人生活中"商圈"的再现，在孩子生活中也许有所接触，但却不是孩子生活的核心内容。远离孩子的游戏难以激发孩子的思维力，想象力和创造力。因此，"自主"和"自发"就变成了一句无法落地的口号。

与孩子一席话让我明白，孩子需要逼真的场景，开放的空间和具有可操控感的物品开展游戏。所谓"逼真"是"似真而不是真"，户外场地的小树林让 F1 联想到了《三只小猪》的故事场景，激发了她想玩的兴趣。也许以前她在室内游戏时她也想玩《三只小猪》，但室内的小阁楼太像一所坚固的房子了，缺乏了故事中"摇摇欲坠"的逼真感和冒险性而让她觉得"索然无味"，进而打消了玩的念头。室内游戏中的表演角和小舞台基本是固定的，空间是封闭的，"跑不起来"也让孩子们觉得无趣。而户外空间的开放性让小猪的逃跑和大灰狼的追赶变得极为逼真。表面看这是一场表演游戏，实际玩起来还暗含着"追逐和抓人"的游戏，显然让孩子觉得更"好玩"。再者，孩子在游戏中很善于"就地取材"，只要这些物品让孩子觉得是"可操控，可改变，可想象"，孩子就会出现许多我们乐于看见的替代行为。

现场与实景三

游戏的推进中：怎样才是合格的“游戏推手”？

表演开始了，观众席上有观众提出：你们声音太轻了，不要一直笑呀，我们都听不清楚了。也不知道你是谁。F5(汤姆)小观众就说：你们自己做一个标记，我们就知道你演谁了。小演员们都觉得这个主意不错，F1带头说：“那我们就把自己演的角色画出来贴在身上。”于是，大家拿了手工纸和笔，把自己的角色画了下来，并贴在了自己的身上。大家带上了图示再次进行表演。

角色示意图

接着，F5看完了整场演出，拍手叫好。准备继续看的时候，F1说道：“我们要中场休息了，你等会再来。”F5问道：“那什么时候开始？”F1说：“就是等会。”F5等了会说道：“这样吧，我给你们做张排片表，你们可以根据排片表来演出，其他人也可以看上面的时间来看演出。”F1笑嘻嘻地说道：“太好了，就这么办。”F5在手工纸上绘制了简单的排片表，还积极地跑去每个地点做宣传。紧接着，小舞台的观众越变越多，演员们演技越发纯熟，没有笑场没有跳戏。

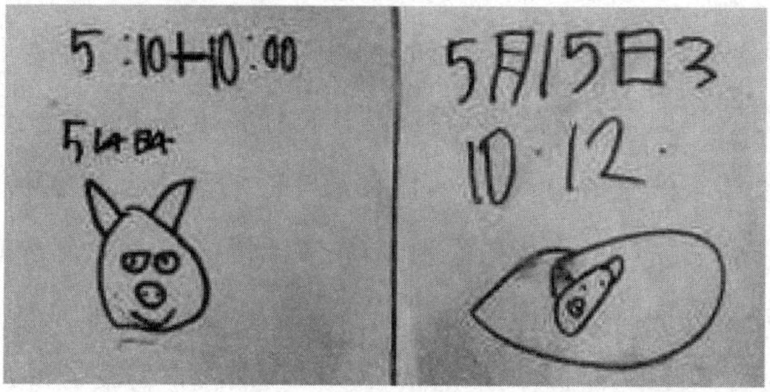

自制排片表

发现与解读

一、幼儿之间的协商和合作

游戏过程中，幼儿之间能分工合作，友好协商。遇到困难能一起克服、与同伴发生冲突时能自己协商解决、能倾听他人的意见和想法，乐意接受他人好的提议。如片段一、四和五中，演员之间能合作分工进行角色分配，遇到矛盾，欣欣能想办法说服同伴，解决问题。特别是案例中的小观众汤姆，他大胆表达自己的看法和建议，提出了自己的要求，而小演员们也能欣然接受好的提议。

二、幼儿的表演经验

孩子们自导自演《三只小猪》的故事，表演活动中能相互分工配合，并独立地表现自己的角色。如欣欣、霏霏一人分饰多角，且各个角色的行为和语言也较为丰富。知道旁白的作用，旁白的出现营造了良好的表演氛围，促使演员根据故事旁白的引导进行相应的表演，使表演更为出彩。

特别是表演取得了初步的成功后，孩子们还想做得更好。通过反复多次的演出，表演的经验越来越丰富，笑场的次数随之减少，演绎时的动作越发形象生动，表达时的语气更具情景性。

三、幼儿的创造与想象

孩子们在表演中，不断地为演出选择合适的道具。如随着剧情的发展，幼儿已不满足于用徒手摆弄来表演造房子的情景，他们用心观察周围的事物，用真实的玩具小屋替代剧中的房屋、用原是作为运动器械的钻桶山代替剧中的房屋。这一创造性的替代行为一出现，使得表演更加精彩生动，幼儿演绎时的动作也随之增多，且更加具象，如敲敲打打建造房屋，攀爬而上建造屋顶，蹲在屋子里躲避大灰狼等表演行为，表演得活灵活现，形象逼真。同时她们还能用自制的材料辅助演出，如自制并黏贴角色示意图以明确各自的角色身份，既便于演员间的演绎互动，也使观众看得更加清晰明了。

设计与实施

1. 增加表演的 feel：为孩子的表演提供小蜜蜂扩音器，增加孩子的舞台表演感觉，吸引更多的观众。进一步让孩子增强表演的自信心。

2. 与动画片 PK：教师可以提供和建议孩子看《三只小猪》的动画片，让孩子在模仿中继续排练和优化自己的表演，为孩子创造性的表现提供支架。当然这种模仿是孩子主动的、自发的，教师不可以强制，更不是任务性的。

3. 演给其他班级看：当孩子的表演有自信了，我们可以鼓励他们走出班级范围，演给其他的老师和孩子看，在他人的肯定中，更进一步的巩固他们的自信和兴趣。

成效与感悟

我们都知道，游戏是自由的，但这也是我们老师纠结的：教师的引导如何游走在游戏中而没有干涉孩子的自由？我们经常忙碌地穿梭在孩子中间，回应着孩子们此起彼伏的“求救”：“老师，我要……”“老师，他抢了我的……”“老师，架子倒了！”……久而久之，我发现孩子们越来越依赖老师来解决游戏中产生的问题。这样真的就是“游戏中的引导”吗？这样的引导能推动孩子的成长吗？教师在游戏中到底扮演了哪些角色？扮演的角色又如何在游戏中与孩子互动？

带着疑问我们进入了户外游戏现场，因为我们坚信教育实践的问题一定能在教育现场找到答案。刚一进入户外游戏场地，看着满场奔跑的孩子，除了关心着安全问题外，我真的有点儿不知道还要做什么。迷茫之际，一个声音在耳边响起：“如果你实在不知道自己该做什么帮助孩子成长的时候，那就先安静地看孩子吧，看完后你就知道该怎么做了。”这样想着，我就安静地在小木屋旁坐了下来。坐下来才发现这里是极好的“瞭望台”，既能够统览全场的孩子，还能够同时看到两个游戏点。因此，我才幸运地观看了这出精彩的“连续剧”《三只小猪》，与孩子们一起亲历了精彩纷呈的表演游戏。

专家说：“引导需以观察为前提。”这似乎是人人知晓的道理，但似乎又是大家茫然不知如何转化成实践行为的知识。“忙碌的穿梭”和“绑住手脚作壁上观”皆是极端，更多的老师是在这两个端点间游走而不知所措，归根结底还是我们的观察没有做到位。所谓观察，就是用我们的五官搜集孩子在游戏中的活动信息，包括语言，行为，表情等，然后结合相关的理论知识分析并得出结论，为后续的引导提供依据和建议。我把游戏中的观察归结为这样的“三段论”：通过看、听和体验（与孩子一起游戏）搜集信息——思考信息——得出结论。教师身上随时带着便笺纸和笔，记录孩子们的即时信息，其中语言是最重要的即时信息。行为和表情都可以通过后续的回忆补充记录，而语言则是无法通过回忆进行原汁原味的还原。所以，在游戏现场最重要的是记录孩子的语言。

值得一提的是，以前我们总是在游戏中忙着为孩子们拍照，这仅仅充当了摄影师的角色，而没有观察。像录音一样，拍照和视频仅能作为教师观察的辅助手段而不是主要手段。就目前国内可供教师使用的技术，教师的现场记录仍然是最能够还原孩子游戏情境的方法。让我们一起，通过现场记录更深入地了解孩子们，理解孩子们，支持孩子们吧。

（撰稿者：马　丹）

3-3 课程现场

将搬家进行到底

近年来，我园着力构建“MY 课程”，并在实践的基础上确定了“MY 课程”的理念：尊重儿童的主动选择，满足儿童的快乐体验，增进儿童的有益经验。在这一理念的引导下，我们在游戏课程中尝试解读幼儿的游戏需求，不断推动幼儿经验的发展。

现场与实景

一次小班娃娃家游戏中，孩子们打破了教师创设的格局，开始了轰轰烈烈的“搬家行动”。作为教师，我从最初的“惊呆”，到是否要制止的“犹豫”，再到决定放手尊重孩子的选择，最终看到了孩子“三轮搬家”带来的惊喜和变化，也为自己对孩子游戏行为的“容忍”感到庆幸。

第一轮搬家

一天游戏时，在凡凡“我们搬家吧！”的号召下，十多名幼儿像蚂蚁搬家一样，将其

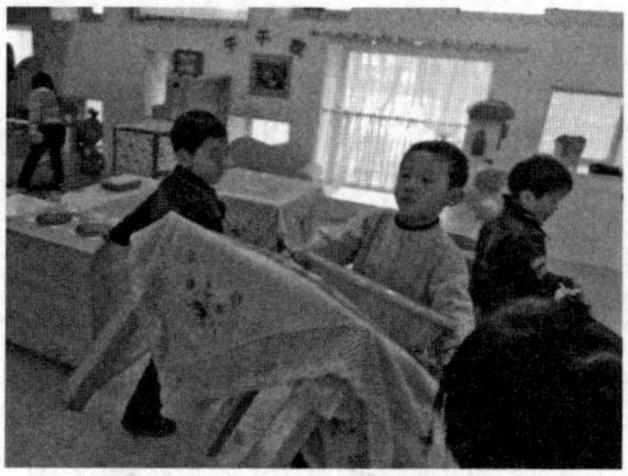

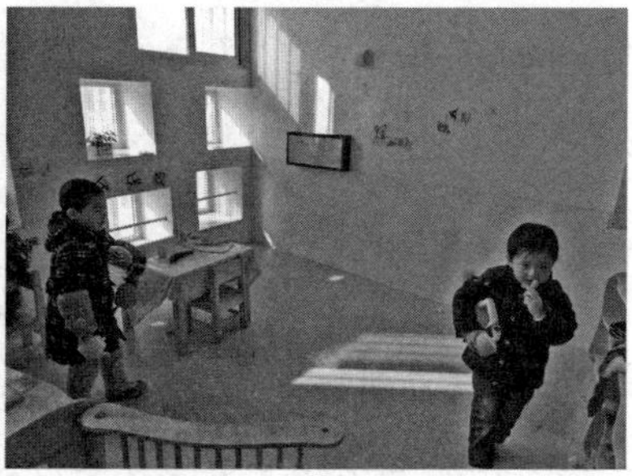

中一个娃娃家的大大小小物品全部搬到了小书房，大到厨房、冰箱、沙发，小到锅碗瓢盆刀叉，昊昊一个人搬起方桌，小步向前移动，跌跌撞撞地搬到另一块空地；小米和洋洋两个人抬着一大筐衣服；小郚将娃娃床高高举在头顶……

第二轮搬家

事件一：

搬家行动又开始了，这一次另两个娃娃家玩的孩子也被他们的行为吸引了，三个家一起搬，轰轰烈烈的搬家运动开始了，原来的三个娃娃家合并到一个地方——小书房。不一会儿巴掌大的小书房已经无立锥之地了。于是他们就把剩余的物品往外面的餐厅转移。二十分钟过去了，孩子们满头大汗，他们已经把教室几乎搬空了，再看看餐厅：地面上、桌子上到处堆满物品。这时，保育员走进来看到此景大叫："餐厅怎么成垃圾场了，把东西统统搬进去！"一声令下，孩子们扫兴地又开始做复原工作，将物品逐样往回搬。

事件二：

凡凡发现钢琴后面的走廊处很宽敞，便决定将家搬到钢琴后面，于是他们兴高采烈地将物品搬到钢琴后面，并用椅子搭了一扇门，一家人躺在床上准备睡觉，这时有人来了：

"妈妈"说："我们要睡觉了，不能从这里走。"

悠悠抗议道："我要去上厕所。"

"爸爸"生气地说："你不能从我家过，我们已经关门了。"

……

孩子们争吵了起来，搬家又遇到了新难题。

双方都有自己的理由，在新家，他们睡觉时的确应该关上门，然而新家的位置却正好堵住了去厕所的唯一通道。

第三轮搬家

这一次三个娃娃家的所有东西又被搬进了小书房，可是地方实在太小了，不一会儿小书房又堆满了，孩子们在里面艰难地移动着："妈妈"要去厨房，不得不从桌子上爬过去，“爸爸”打扫卫生时不得不贴着墙走，姐姐拿书包不得不爬上两层摇晃的柜子上……

于是我敲门：“请问你们家有没有不需要的东西？我是回收物品的。”

“爸爸”看了看原本小书房的书架，看看我，没有说话。

我便顺着他的意思：“这个书架你们要吗？不要我回收了好吗？”

听到我要搬走书架，“爸爸”连忙点点头，又指着小书房以前的长凳说：“这个也不用了。”……

就这样我把他们不用的东西搬走了，小书房里的新家霎时敞亮了起来，孩子们兴致盎然地布置着、整理着……

发现与解读

一、游戏的创造性与游戏安全性的关系

在第一轮搬家中，看着这群忙碌的“小蚂蚁”，我一边惊喜于他们在游戏中的创造性，一边担心他们的安全问题。到底是允许还是制止？冷静分析后我意识到：小班幼儿对于搬运较大物品的力量和技巧不够，对物体的重心把握不准，这样的搬家对于他们的确存在安全隐患。但从游戏特点来看，幼儿有权利选择游戏内容、玩法、场所等，而他们的搬家主题是源于生活经验产生的新主题，教师应顺应幼儿的游戏意愿。

二、游戏的情节与现实生活的关系

第二轮搬家将整个活动推向高潮，全体出动，齐心协力，共同搬家，然而却与现实“打架”了，当10:30保育员需要对餐厅进行消毒；当有儿童需要破门而入去厕所……

三、游戏的发展与解决问题能力的关系

通过观察发现幼儿在游戏中遇到问题，需要教师支持和帮助，教师应当以顺应幼儿的游戏意愿为前提，把握时机，适时地介入指导，以帮助幼儿实现自己的游戏构想，树立幼儿在游戏中的自信。

观察儿童行为——游戏中儿童将大量物品堆积在一起，并且在一堆摇晃的物品堆中行走，创设的环境存在安全隐患。

判断儿童的能力——他们具备搬运的能力和技巧，但面对拥挤的现状他们尝试过搬到餐厅、搬到走廊，但都不适合，目前仍没有想到更好的办法去解决。

适时介入——面对多次搬家面临的情况——拥挤，他们不能解决，并且游戏中存在安全隐患的情况下，教师选择运用角色参与的方法介入游戏，帮助儿童解决拥挤的问题。

设计与实施

一、在保证安全的基础上满足幼儿游戏兴趣

第一轮游戏结束后，我组织了小组交流，邀请参加搬家的 13 名幼儿讲讲“是怎么搬家的”。通过个别幼儿的演示和交流，幼儿掌握了一些安全搬运技巧。我想：下一次搬家应该会顺利吧！可是新的问题又产生。

二、倾听幼儿的想法，解决游戏中的问题

第二轮搬家中幼儿全体出动，将游戏活动推向高潮。然而，搬家并不顺利，当保育员需要对餐厅进行消毒，当有幼儿需要去如厕时，幼儿遇到了意想不到的问题。本着“MY 课程”理念中“满足儿童快乐体验”的原则，我决定听听幼儿的想法：有的幼儿希望延长游戏时间，认为“阿姨可以晚点消毒”；有的幼儿提出“不能把家搬那里，会影响别人上厕所”，建议改变游戏场地。我选择静静观察幼儿的游戏。

三、转换角色，适时介入，打开游戏新局面

在第三轮游戏中，面对幼儿多次搬家仍然不能解决“拥挤”的问题，并且游戏中存在安全隐患的情况下，教师选择运用角色参与的方法介入游戏，帮助儿童解决了问题，使得游戏得以顺利进行下去。

成效与感悟

搬家游戏一波三折，幼儿最终“将搬家进行到底”。然而游戏并没结束，后来幼儿还开出了搬家公司、搭建了搬家车，以及开着房车去旅行等精彩的游戏情节。回顾持续一个多月的搬家游戏，我再次感受到“MY课程”理念带给我的冲击，也深刻理解了“教室真正属于幼儿”的内涵，更深切体会到教师拥有一定课程自主权的必要性——因为教师有了一定的“放任”幼儿游戏的权利，才换来幼儿在游戏中的精彩绽放。

（撰稿者：张少灵）

3-4
课程现场

水管工的探索之路

科学探究的核心是激发幼儿主动思考，过程中，教师要不断地质疑、提出挑战性问题，帮助幼儿经历深度探究和真正学习。

下面的案例中，呈现一个教师是如何向幼儿提出挑战，引导幼儿在现有水平上进一步发展。

现场与实景

片段一：引水流沙，探索管道之间的衔接问题

君君、尧尧和弛弛将水管拼接起来，打算将水池中的水引入到沙池中。他们发现，水不能经过管道流到沙池。经过观察，他们认为是地面太平了，并且水管中部凹陷下去，所以水流动不起来。

他们看到材料框里的支架材料，搭建了一个支架，试图将管道倾斜起来，这样水就不会中途漏出来。三人搭好三个相同高度的支架后，放在地上，架上半弯管。他们发现水停在第一根弯管上，没有流动。

随后，三人调整了支架的高度，将三个支架从低到高进行排列，重新放上半弯管，但是经过实验后，他们发现管道还是漏水。

他们不得不向我求助："高老师，我们已经要让它变斜了，为什么还是会漏水啊？"我对着两根半弯管的接口处指了指："你们看，这里怎么有个洞？"弛弛很快想到漏水的原因：管道之间没有紧密的衔接。他们尝试将两个管道叠加起来，弥补了管道之间的衔接问题。

片段二：使用新材料，与同伴经验建立联系

君君、尧尧和驰驰三人建造的管道成功地把水引进了沙池，这件事在班级里也引起了不小的轰动，大家对造管道充满兴趣，为此，我组织了一次主题为“管道该怎么搭？”的座谈会，目的是帮助孩子们认识新材料的使用方法。

“透明的水管，它可以定在板上，也可以往里面倒水的。”

“那我下次要去把透明水管和驰驰他们搭的管道连接在一起玩。”

于是，他们开始探索透明水管的使用方法。

婷婷先把透明水管固定在板上，艾文拿弯型接口插在透明水管前面，菲菲调整了弯型接口的方向，让接口朝着管道的方向。两人连接了几根透明水管后，发现弯型接口无法完全固定透明水管。

我鼓励君君等人参与对透明水管的探索，鼓励他们交流想法，这样，婷婷三人就可以通过向君君等人学习，了解固定透明水管的方法。

在君君等人的帮助下，婷婷三人成功地用支架固定住悬空的透明水管。

三人互相合作摆放支架、连接水管、搭支架，最终一个规模庞大的水管工程完成。

片段三：利用多种材料解决问题

两侧水管连接完成后，大家纷纷上前往透明水管内注水。突然，大家发现有一根透明漏管会漏水，我说：“水都漏地上了，怎么办？不能运水了。”琳想了想，说：“我知道，可以在下面接一根半弯管。”说完她马上找来一根半弯管道放在下面，还用支架支撑，接着又对我说：“老师，这样就可以再造一条管道啦。”琳琳找来言，两人相互配合搭建管道。没过多久，她们跑来对我说：“老师，支架都用光了，我们拿什么支撑啊？”我很惊讶地说：“真的吗？支架都用光了吗？没有东西可以作支架了吗？”琳琳说：“没有啊，怎么办？”

这时，一直在沙池玩的晨看着我们说：“我这里有个装沙的盒子，你们可以垫在下面的。”言听到后，马上跑去拿沙盒，琳帮忙扶着半弯管，言把盒子放在下面，琳说：“不行，这样管道太低了，连接不到沙地的”，两人继续寻找合适高度的材料来替代成支架，她们找来了高度、大小都不同的小水桶，调整了一次又一次，终于完成了管道。

最后，我们再次实验往透明水管内注水，水流分成了三条路，一条流向沙池的左边，一条流向沙池的右边，还有一条通过透明漏管流进沙池的另一边。

发现与解读

一、激发幼儿主动探究事物的愿望

从案例中我们可以看到，孩子对探究沙水有着强烈的愿望，尤其是沙与水的结合激发了他们无穷的好奇心，他们非常享受探究和解决问题的过程。因而，作为教师，要保护和进一步激发孩子的探究愿望。无论是孩子提出问题，还是教师向孩子提出问题，都鼓励他们进行观察、实验，获取知识，而不是由教师的讲解替代幼儿的直接经验。例如，第一次操作时幼儿发现半弯管倾斜了还是会漏水，觉得非常困惑，教师就指了指半弯管链接处的缝隙，引导幼儿通过观察发现漏水的原因，发挥幼儿的主动性。

二、环境与材料是幼儿解决问题的重要条件

正如上述案例所呈现的，在孩子进行沙水游戏的过程中会遇到很多的问题，而这些问题就是教师进行探究式教育的契机，而如何抓住教育契机就是教师需要思考的问题。提供必要的环境以及材料支持是教师推进孩子进一步探究的重要条件。教师为幼儿提供适宜的材料，让幼儿探索材料中所蕴含的科学概念，也是教师对幼儿进行指导与启发的一种方式。例如，在探究水的流动的科学活动中，教师可以提供丰富的材料，如：泡沫板、积木板、塑料盒、支架等，启发幼儿探索支撑管道的方法，调动幼儿探究的兴趣。

设计与实施

教师在幼儿的科学探究过程中，要重视对幼儿的指导，帮助幼儿更好地进行科学探究。幼儿的主动探究和教师的指导作用并不是对立的，而是相互依存的，教师的指导作用可从如下几点实施活动。

一、为幼儿设计科学探究的问题

教师向幼儿提出一个好的问题，可以将幼儿引向有价值的科学探究过程。例如，幼儿在玩透明漏管漏水游戏时，教师提问"水还能流进沙池吗？怎么让水流进沙池？"这些问题能很好地激发启发幼儿思考和进行探究。

二、对幼儿的问题进行引导与启发

幼儿会提出很多问题，教师的作用在于鉴别这些问题的价值，将值得探究、可以探究的问题提出来，建议幼儿进行深入探究。例如，幼儿对让水流动很感兴趣，提出了各种各样的问题，如：把水倒在半弯管上水就会流动、水管向后搭水就可以往后流、漏水管有洞会漏水等。教师可以根据幼儿的年龄特点和探究能力，选择适宜的问题，如引导幼儿探究液体是如何流动的，怎样可以使水流向不同的方向，并保持流动状态等。或是当水管漏水时，教师可以引导幼儿"是什么原因导致水管漏水"、"水管漏水了，水还能流进沙池吗"、"和不漏水的水管相比，怎么做可以让它不漏水"等问题，启发幼儿的思考。

三、让幼儿有机会尝试自己的想法，及时发现、纠正错误

即使有时候幼儿的想法是天马行空的，也要鼓励幼儿大胆地尝试。当幼儿有了个人的发现时，教师则应该大大赞扬。尽管幼儿的一些"发现"对于教师来说可能只是一件非常普通的事情，而对于幼儿自身来说这就是一件令人无比骄傲、自豪的事情，需要及时地鼓励和肯定。

我们要允许幼儿犯错误，而不是直接地告诉他应该怎么做。通过自己的错误进行

学习对于幼儿来说是非常重要的，因为直接的经验（包括失败的经验），比起别人的提示更容易引起幼儿的主动思考。例如，幼儿在用支架固定水管、半弯管时，觉得只要放了支架就能起到支撑、让水流动的作用。而通过实验操作，幼儿发现并不是只要放了支架水就会流动，而是要调整支架的不同高度。

成效与感悟

一、幼儿发展评价

（一）对幼儿认知的评价

幼儿通过实验、观察、验证的体验，习得了一些科学知识。如：高度的影响让水流动、弯型接口与 T 型接口的使用改变水流的方向、漏水水管的使用建出双层管道。这些幼儿在探究中获得的知识体验，是儿童一生受用的财富。

（二）对幼儿学习能力的评价

幼儿在探究中发现问题、解决问题，积极主动地调整自己探究的思维能力。通过观察调整了半弯管的上下位置，解决漏水的问题；使用支架，能比较前后支架的不同高度对水流动的影响；发现弯型接口与 T 型接口，在与透明水管连接时，可以改变水管的方向，并与半弯管管道进行组合搭建；漏水水管形成双层管道。幼儿主动发现问题、解决问题的学习能力，让幼儿更好地适应幼小衔接。

（三）对幼儿合作能力的评价

在科学探究的过程中，幼儿能向同伴表达自己的想法，并获得同伴的认可；建构时，幼儿能互相配合，分工搭建管道；遇到问题时，一起开动脑筋，解决问题。良好的同伴合作能力，能收获更多的朋友，在解决问题时获得更多的帮助。

二、教师课程实施评价

（一）对材料提供适宜性的评价

材料是引发幼儿主动探究的刺激物，也是幼儿观察、思考和探索的中介和桥梁。

丰富而充足的材料，如此次游戏中，教师为幼儿准备了比较充足的透明水管、半弯管道、各种形状的接口、支架、沙盒等，使每一个幼儿都能有探索的条件和机会。同时，这种多变化、多层次、多功能的材料，满足不同水平幼儿的需求，引发不同幼儿的探究欲望。

（二）对教师角色的评价

1. 旁观者

只有做好一名“旁观者”，才能减少活动中口口相传的比例，才能细致地观察幼儿在活动过程的表现。幼儿在活动中的表现，是教师判断科学活动开展是否成功、有效的重要标准，重在激发幼儿认知的兴趣和探究的欲望，并从中体验成功感，获得自我满足的愉悦。如此次游戏活动中，教师多数时间在观察幼儿的游戏进展，虽然过程中遇到了很多的问题“水不流动”、“用了支架还是漏水”、“支架材料不够”等等问题，教师都没有第一时间冲过去帮忙，而是观察，即使幼儿跑来“求救”，教师也不是直接帮忙解决，而是默默地引发幼儿的观察、思考，调动幼儿的已有经验，解决问题。

2. 支援者

在活动中，幼儿难免会遇到问题，这时就需要教师的理解，幼儿才会在活动中大胆地探索。尊重幼儿独特的看法，能耐心倾听他们的想法，同时还要注意不同孩子之间的差异，认识到不同幼儿之间不同的认知水平和思考方式，充分利用这些差异性，促进幼儿的不同成长。

3. 引路人

我们的目的是让幼儿自己发现问题，如幼儿在搭建管道时遇到“漏水”、“材料不足”等问题时，教师与幼儿的互动提问“水都漏地上了，怎么引进沙池啊”，引发幼儿搭建“双层管道”的想法，再有“支架不够了，就没有东西支撑水管了吗”，引发幼儿使用“沙盒”替代成支架等。教师没有过多的讲解，而是让幼儿自己观察、操作，这样既激发了幼儿的探索欲，也给幼儿展现自我、提升经验的时间和机会。

（撰稿者：高　丽）

第四章　运动与玩耍课程：为每个孩子订制个性化的“运动配方”

卢梭曾经说过：“身体必须要有精力，才能听从精神的支配。”“如果你想培养你的学生的智慧，就应当先培养他的智慧所支配的体力。”是啊，“健全精神寓于健康身体”。为此，我们根据每一个孩子的学习特点和发展需求，为每一个孩子订制个性化、配方式运动课程，让每一个孩子获得一份明确的“运动课程标准”，促进儿童动作和体能的全面发展。

英国哲学家洛克说：“健全精神寓于健康身体。”法国著名的思想家卢梭认为：教育的基本任务是身体的保健和养护。他在《爱弥儿》一书中指出：“身体必须要有精力，才能听从精神的支配。”“如果你想培养你的学生的智慧，就应当先培养他的智慧所支配的体力。”我国当代幼儿教育奠基人陈鹤琴先生认为：“做现代中国人”的首要条件是“要有健全的身体”。因此，引导儿童感知运动，参与运动，享受运动，对儿童的身心发展起着重要的作用，也是幼儿教育研究的重要课题之一。

《3－6岁儿童学习与发展指南》指出：“发育良好的身体、愉快的情绪、强健的体质、协调的动作、良好的生活习惯和基本生活能力是幼儿身心健康的重要标志，也是其他领域学习与发展的基础。”可以说，建构幼儿园运动课程，是促进幼儿身心和谐发展的必然要求。

根据我园“MY课程”理念的指导，我们充分了解、尊重每个孩子作为一个独立个体发展的不同需求，针对性地开展了运动课程的系列研究。我们对现有运动课程实施情况进行详细的调研与摸底。在调研中，我们发现了几个重要的问题：一是幼儿园运动课程目标不够精准；二是场地资源、环境资源等规划合理性不足；三是教师缺乏运动课程领域的专业知识；四是教师在日常组织运动时缺乏对儿童运动的观察与分析；五是教师不能根据儿童动作发展需求实施差异化的运动课程设计等。

随着调研的深入，我们进行了多维度的探究。在参考《3－6岁儿童学习与发展指南》以及《上海市学前教育指南》等文件精神的基础上，结合我园“MY课程”运动板块发展目标，初步形成了运动课程目标体系。该体系包括总目标和阶段目标两部分。我们大量研读各类文献，充分咨询业内专家意见，反复斟酌、充分酝酿，基于幼儿不同年龄段运动发展特点，形成了一整套的幼儿基本运动动作的要求，细分了走、跑、跳、钻、爬、攀登等动作的操作性要求，为教师提升运动课程品质提供了专业依据。

卢梭认为："多给孩子们以真正的自由"，是发展身体的基本准则。在运动课程推进过程中，我们的教师围绕运动课程的具体要求，在日常活动中关注每个幼儿体能和动作的发展，认真解读每个幼儿的运动发展需求，分析幼儿运动发展的实际。在此基础上，我们根据每一个幼儿的学习特点和发展需求，设计有差异的运动课程“配方”，并多样地、活跃地推进，满足儿童运动课程的共性需求和个性需求。

为每个幼儿订制个性化、配方式运动课程，让每一个孩子获得一份明确的“课程标准”，促进儿童动作和体能的全面发展，提高教师解读儿童发展的专业能力，是幼儿园课程研究一个极其重要的议题。

课程现场 4－1

我终于学会跳绳了

现场与实景

进入大班，跳绳成了我们户外运动的体育项目，孩子们人手一根分散在操场各处跳绳。这里是一个教学片段：

大班刚开学，在操场上我们开始了跳绳练习。班级里的小伙伴们都兴致盎然地拿着绳子跳了起来。只有西西一个站在远处，静静地看着。询问之下，我才知道原来西西一点儿不会跳绳。于是，我拿了根绳子给西西做示范，一边跳一边告诉她跳绳的动作要领。西西按照我的方法练习起来，西西连续尝试五次，绳子还是被脚绊住，停在脚的前面。几次失败之后，西西停了下来，不再愿意尝试了。

连续几天，西西在跳绳时都发生了类似的情况。

发现与解读

跳绳是一项增强体质又便于参与的运动。对儿童而言，跳绳不仅可以锻炼身体，还可以发展孩子的反应能力和协调能力，到底是什么原因造成了西西学不会跳绳呢？

一、运动方面，动作不规范

西西在摇绳时，肘部没有夹紧身体，手腕也不转动，整条手臂僵硬，这导致了她跳绳动作的不协调和容易疲劳。其次，西西跳的动作也不规范。每一次都跳得过高，双脚落地过重，一方面不利于连续进行跳跃，另一方面也会对膝盖产生一定的损伤，不利于骨骼的生长发育。

二、性格方面，抗挫力缺乏良好的培养

西西平时是一个活泼开朗、爱说好动的孩子，自我表现欲望和交往能力强。在学习和社会交往方面都得到许多赞美和肯定。习惯于正面评价的西西比较难于接受自己的失败，甚至有逃避的心理。从中班开始，我就发现，她对于自己不擅长的运动项目主要采取“避而远之”的策略。因此，我决定这一次不能再让她逃避了。我要让西西通过克服跳绳的难关学会面对失败的正确方法。

设计与实施

考虑到西西自身的动作发展和她的性格特点，我决定从以下几个方面帮助西西学习跳绳。

第一阶段：

一、让西西掌握正确的跳绳要领，分解动作将摇绳和跳跃分开练习

（1）分解动作：将摇绳和跳跃动作分开练习

摇绳动作要领：肘部夹紧身体，运用小臂发力，手腕灵活转动。

跳跃动作要领：双脚跳动的时候，先不要跳得高，而是要在绳子到来的那一刻跳起来并通过绳子就可以了。

（2）计数练习：在西西跳绳时给她进行计数，让她跟着老师口令有节奏的跳跃，感受跳绳的节奏。

二、培养西西跳绳的兴趣

（1）陪伴练习

基于西西惧怕失败容易放弃的状况，为了鼓励她积极参与跳绳的活动，每次跳绳时我或搭班老师陪伴一起练习。一方面，老师的共同参与会激发她的兴趣，另一方面，

可以在她想要放弃的时候及时给予鼓励。其次，同伴的陪伴练习也让西西感受到了友情的力量，好朋友多多经常和她一起跳绳，多多会将自己跳绳的方法告诉西西，西西更容易接受同伴的建议。在同伴相互学习的氛围中，西西对跳绳的兴趣越来越浓。

（2）鼓励和赞美

当西西能够坚持练习或是连贯分解动作的时候，我们及时肯定她的进步，在集体中形成相互欣赏的状态，让小朋友看到朋友努力进步的时刻。

三、助推西西平衡和协调能力的发展

（1）幼儿手推平板车绕过标志物。

（2）幼儿站成一排，排头两人，一人坐平板车，一人面对面拉手后退走，到对面后将平板车交给后面幼儿。

（3）坐在平板车上，使自己的平板车转动起来。

第二阶段：

经过一周的练习，我发现西西在练习分解动作时又出现了两个问题：一是运动方面，平衡与协调能力偏弱。跳绳对于手脚协调能力的要求很高，但是从西西的运动能力观测结果来看，她的平衡与协调能力比较弱。比如，在中班学拍皮球的时候，其他小朋友都能连续拍球了，西西还一个也拍不了。做广播操的时候，西西的动作总是跟不上音乐的节奏。跳绳需要边抡绳边跳跃，让绳子顺利地从自己的脚下通过。平衡与协调能力的欠缺导致西西在学习跳绳时难以做到在摇绳的同时兼顾跳跃的节奏，所以屡屡失败。二是上肢耐力偏弱。跳绳是一项持续性运动。长时间持续摇绳会使小臂酸痛，西西在练习跳绳过程中摇绳只能坚持 2－3 分钟，说明她的上肢耐力偏弱，需要进行针对性的练习。

针对西西分解动作中出现的问题，我们进一步设计了更有针对性的活动。主要过程如下：

1. 纠正跳绳动作

纠正西西甩绳的动作，左右手在身体两侧放平，胳膊不要张得太大，用手腕转动绳子。

纠正西西跳的作用。跳的时候脚要用力，要让身体腾空。落地的时候脚尖先着地，膝盖微微弯曲，保持上体的正直，避免下蹲和全脚掌着地。

2. 少时多练

西西上肢耐力偏弱，而且坚持的时间较少，集中训练的方法对她不合适。我们采用的方式是每次运动前让西西先练习五分钟跳绳，再去玩其他的内容。每次练习的重点是摇绳动作的规范和手部与腿部的配合，五分钟的练习不会让西西感到很疲倦和厌烦，她的积极性能得到保持。

3. 发展上肢耐力的活动

（1）运轮胎：用绳子绑住一个轮胎，幼儿站在原地，双手交替拉绳子，使轮胎移动到自己身前。

（2）幼儿手握绳子向后拉，将装圆锥桶的轮胎拉过来取出圆锥桶更换不同颜色圆锥桶放进轮胎，对面小朋友再将轮胎拉回。

西西的分解动作练习基本熟练了。她把绳子放在身后，两手将绳子甩到脚前后并脚跳过绳子，轻轻着地。接着再次把绳子放在身后，甩绳、跳跃。西西学会了分解动作，但是每跳一个，中间都需要停顿一下。

老师在旁边给西西数数，数一下跳一下。慢慢地，西西甩绳与跳跃的动作连贯，能够有节奏地进行分解动作的练习。这时老师让她尝试甩绳子的同时跳过绳子。一开始，脚落地的时候绳子还是打在了西西的脚背上。西西重复着甩跳的动作，终于成功地跳过了一次，她高兴地说：“我跳过去了。”大家为她的成功鼓掌，老师在集体面前表扬西西这段时间努力的练习，西西脸上笑眯眯地。

成效与感悟

经过二周的练习，西西跳绳有了明显的进步，主要表现在：

一、掌握了正确的跳绳动作

老师用动作示范和语言指导的方式帮助西西学习正确的甩绳动作，也将西西自己甩绳的动作拍摄下来让她观察，发现自己动作存在的问题再进行改正。通过一次次的练习，西西在甩绳子的时候能够转动手腕，大臂也能与身体靠拢，甩绳动作连贯持续。在起跳和落地的时候，西西也能够用脚尖轻轻落地，保持站立的姿势。

二、增强了学习的兴趣

现在的西西每次体育活动前都会主动练习跳绳，她一边跳一边数“1、2、3……”，口令的提示让西西在跳绳的过程中找到节奏，能够稳定地进行跳跃。她也愿意和班级的孩子进行跳绳比赛，比一比谁跳得多。现在的西西已经能够连续跳绳 13 个，她还在不断地练习。

运动中，很少听到西西抱怨很累，她会主动休息，休息好之后不需要老师的提醒，就会主动参与。

三、协调平衡能力发展等

以前西西在推小车时，小车总是东倒西歪，每次接力赛的时候，西西总是落在最后，经过锻炼，西西能够平稳地向前推动平板车，而且能让平板车灵活地上下斜坡。

掷远活动之前西西单手投掷网球的距离是 4. 1 米，参照 3. 5 米—12 米的国家标准，处于达标阶段，通过上肢力量的练习，西西单手投掷达到了 5. 2 米。

通过以上对西西跳绳的观察、分析和指导，我有了以下感悟：

一、课程的核心在于让每一个生命绽放精彩

平日里的西西能说会道、爱探索、会交往，是大家眼中的好孩子，但是跳绳成为了她的一个难题。老师没有因为西西在学习方面的优秀而忽略了她在运动中的不足。在“MY 课程”理念的引领下，我们既尊重幼儿个体间的差异，也通过差异化的教育发扬孩子的长处，弥补孩子的不足。在观察到西西不会跳绳的现状后，老师从动作发展和性格特点入手，发现西西不会跳绳的原因，在幼儿园普适性课程的基础上，为她设计了一系列的个性化活动帮助她学会了跳绳，弥补她在身体协调方面存在的不足，促进她更全面和谐的发展。这也印证了我们的教育理念：让每一个生命绽放精彩！

二、体育的价值不仅仅在于身体的强壮

运动不仅能增强幼儿的体质，还是幼儿意志品质培养的主要阵地。案例中西西习惯于接受周围人的肯定和赞美，遇到困难很容易退缩躲避。学习跳绳的过程不仅让她学会了跳绳的技能，更是她直面困难，不断挑战的一个过程。经过跳绳的学习，西西不仅拥有了挑战困难的勇气，付出努力之后的成功，更增强了她的自信心，让她在今后遇到困难的时候变得更积极和主动。

适宜的运动能让幼儿的身心得到发展，反之错误的运动不仅不能提升幼儿的运动能力，还会给孩子带来伤害。

例如：西西在跳绳时总是全脚掌重重落地，不规范的动作会给她的骨骼和大脑的发育带来影响，对身体造成损害。同时不正确的甩绳动作加大了跳绳的难度，造成了手臂的负担，所以西西很容易就会疲劳。纠正幼儿不正确的动作，不仅能提高他们的运动能力，更是对他们身体发展的一种保护。

三、教师的专业价值在支持学习

平时我们更多关注孩子学习能力的发展，对于幼儿运动能力的发展缺少科学精准的观察与指导。借着这个机会，我学习了怎样全面科学地观察幼儿的跳绳能力，怎样科学地对幼儿进行跳绳的指导，提高了自身的专业水平。

为了帮助西西学习跳绳，我收集了很多关于跳绳的专业知识，如：跳绳的动作要领及练习的重点等。我还查阅了很多关于跳绳的案例，一开始我让西西重复练习但是效果不大，当我了解了跳绳的动作和要领之后，我发现了西西跳绳存在的问题，帮助西西分解动作练习，纠正她甩绳和跳的动作。我还结合西西运动发展的弱势，对她进行了协调性和上肢力量的练习。专业知识让老师从现象看到本质。学会观察儿童、发现问题、解决问题。

每个幼儿都是一本书，内容不同却同样精彩。老师要做的就是持续和全面观察与思考，为不同的幼儿提供适合他们的学习。

（撰稿者：胡晓萍）

4-2
课程现场

看谁投得多

近期，我们对本班幼儿进行了运动素养观测，观测结果显示，我班幼儿在投掷这个动作方面处于较弱的状态，而且班中男孩的投掷能力好于女孩的投掷能力。针对本班弱势，我们设计和开展了一系列的运动内容，并在运动中观察每个孩子的运动现状和发展。

现场与实景

大宝、洋洋、坤坤、糖糖、萱萱、小张六人在玩“看谁投得多”的游戏，大宝、洋洋、坤坤三个男孩一组，糖糖、萱萱、小张三个女孩一组。大宝右手拿着海绵球，两脚分开，左脚在前、右脚在后，将球放在了肩上的位置，然后由肩上快速向上抛出，海绵球落到了女孩子的“阵地”上，糖糖也捡起地上的海绵球，然后两脚分开，左脚在前、右脚在后，球由肩上向上抛出，海绵球也落到了男孩子的“阵地”上。坤坤、洋洋也捡起地上的海绵球，两脚分开，左脚在前、右脚在后，球由肩上向上抛出，海绵球也落到了女孩的“阵地”上，萱萱也捡起地上的海绵球，两脚平行分开站立，将球由胸前向下抛出，海绵球掉到了双方阵地的中间位置，小张躲在阵地后方观战。

发现与解读

幼儿投掷的动作看似简单，但其实投掷中所需要注意的动作、细节是非常多的，投掷中人站在投掷线后，两脚开立，左脚在前、右脚在后，投掷之前手臂向后拉，投掷时，手肘向前水平伸展，随后身体向投掷的方向旋转，投掷时的转动经由腿、臀、脊椎而后肩膀，准备投掷前，重心会落在后脚，当重心移动时，会由后脚转移到前脚。以上是投掷的标准动作，那么对比标准动作来看，分析6位幼儿的投掷动作发展水平如下：

1. 大宝、坤坤、洋洋、糖糖四位幼儿在投掷中，脚的站位、手腕的发力是正确的，但是四位幼儿在投掷过程中没有转肩、转胯和移重心的动作，所以四位幼儿投掷的距离并不远。

2. 萱萱在投掷的过程中，两脚是分开站立的，双脚并没有前后站立，同时没有转肩、转胯、移重心的动作，也没有手腕的发力，所以萱萱的动作是不标准的。

3. 小张在案例中运动时并没有参与到活动中来，而是作为旁观者进行观察，并没有做出相应的投掷动作，因此投掷的能力无法判断。

设计与实施

针对幼儿运动现场，我进行了以下两个阶段的针对性指导。

第一阶段：

1. 及时纠正幼儿错误的动作

从对6位幼儿的投掷观测来看，6位幼儿的投掷动作都是不标准的，不标准的运动动作不仅达不到锻炼幼儿身体的作用，反而会导致幼儿在运动中造成一定的肢体损伤，因此我们首先要做的事情是纠正幼儿不正确的投掷动作，让幼儿掌握正确的动作，才能达到提高幼儿运动能力的作用。

2. 以有趣的游戏促进动作发展

爱游戏是幼儿的天性，在游戏时，幼儿处在一个松弛、欢快的情景下，更容易激发幼儿的主动性、参与性和实践性。因此，我们在运动中设计以游戏的情景进行运动能力的提高，让幼儿在“玩中学”。

(1) 体育游戏“火箭发射”

游戏的玩法是将装有小石子的塑料瓶做成火箭的模样，然后在距离投掷点3.5米左右的地方画上一条线，鼓励“宇航员”们将手中的火箭发射到线上或者超过线。在投掷的过程中，教师可以先做两个动作的示范供幼儿观察，一个动作是有转肩、扭胯、重心转移的动作处理，一个动作是没有转肩、扭胯、重心转移的动作处理，请幼儿观察哪个动作能扔得更远，能扔得远的秘诀在哪里？通过观察让幼儿感受到转肩、扭胯、重心转移的重要性，从而能让幼儿自我纠正错误的动作，提高幼儿投掷的能力。除此之外，还可以进行“扔沙包”、“扔飞镖”等体育游戏，初步提高幼儿的投掷能力。

(2) 户外探索活动“飞行比赛”

利用户外探索活动时间，请每位幼儿折一架纸飞机，然后带到户外场地上进行飞行比赛，在这个过程中鼓励幼儿运用投掷的正确方法进行投掷，提高幼儿的投掷能力。

运动中的指导。在每天的户外运动中，教师也可以有针对性地进行指导，教师心中要对幼儿的动作发展了如指掌，针对每个幼儿动作发展水平进行相应的指导，主要是对于幼儿的转肩、扭胯的指导，提高幼儿的投掷能力。

第二阶段：

经过一系列活动的开展，大宝、洋洋、坤坤三位幼儿基本掌握了投掷的方法，糖糖、萱萱两个女孩子也在过程中慢慢掌握了投掷的方法，特别是注意了转肩、扭胯的动作处理，投掷的距离也比之前远了。同时，小张在这个过程中的变化和成长也是非常明显的，由一开始的被动加入到接下来的观战到最后的主动参与，她的变化过程一直在我的眼中，因此在她第一次参与投掷时，我进行了适时的鼓励，帮助她建立运动的信心和自信，从而更积极主动地参与到运动中，使她感受到运动的乐趣，在之后的活动中会愿意主动地参与其他的运动内容中去，促进小张运动能力的提高。

看到孩子们取得的进步，让我对自己的指导策略更加的自信，于是，我趁热打铁，实施进一步的指导。

1. 继续开展有趣的竞争游戏，进一步提高幼儿投掷的能力

中班下学期的幼儿有初步的合作意识和竞争意识，因此，我设计了一些对抗性的

投掷游戏，如“扔手榴弹”游戏，幼儿分成两队，在距离 3.5 米的两队互相投掷手榴弹，最后以对方阵地手榴弹越多，哪队获胜。竞争性的游戏形式不仅可以提高幼儿运动的积极性，同时也能进一步提高幼儿投掷的能力。

2. 了解幼儿现有水平的基础上，逐渐增加投掷的距离

在幼儿之前的投掷游戏时，我们创设的投掷距离为 3.5 米，经过一段时间的活动，我们发现幼儿对于 3.5 米的投掷距离已经基本可以投到，因此可以把投掷的距离增加到 4 米，增加难度后，对于幼儿来说就更加有挑战性，幼儿就更加愿意投入到游戏中来。

3. 鼓励与帮助运动能力偏弱的幼儿

对于小张来说，继续采用鼓励和肯定的态度去引导，首先要继续保护小张对于运动的这份尝试的态度，同时有目的地在运动的过程中给予她动作上的指导和鼓励，逐渐提高她投掷的能力。

成效与感悟

一、差异教育，让幼儿在运动中获得成功和满足感

从案例中可以看出，六位幼儿的运动能力和运动现状是不同的，大宝、糖糖、洋洋和坤坤四位幼儿的投掷基本动作是掌握了，但缺少转肩、扭胯、重心转移的动作处理，萱萱是投掷基本动作不正确，也没有转肩、扭胯、重心转移的动作处理，小张是原本不太愿意投入运动中，且投掷动作也是不标准的，但通过对六位幼儿的观察与分析，我们进行了有针对性的动作指导，使四位幼儿的投掷距离变远了，孩子们获得了成功的体验，同时萱萱的动作发展也提高了，小张也慢慢感受到了运动的乐趣，渐渐参与到了运动中去，六位幼儿都在原有的基础上得到了发展和提高，感受到了运动带来的成功与满足。

二、专业引领，让教师在指导中得到专业地提高

原先教师在开展运动过程中，对于各个年龄阶段幼儿运动能力的把握和具体运动

动作的正确指导都缺乏科学、具体的了解，通过专家的专业引领，使我们了解了投掷的正确动作要领，也明确了各个年龄阶段幼儿投掷的距离，因此在观察、指导、推动幼儿运动能力的发展时更有目的性、科学性、针对性，在这种科学的引导下，幼儿的运动能力得到了明显的提高，同时教师的专业化水平也得到了提高。

（撰稿者：汤海英）

4-3
课程现场

驰骋赛道的小健将

现场与实景

自由运动时间，尧尧和小顾进行了一场跨栏比赛。这里有两个比赛片段：

片段一：

15 cm 高的跨栏对两个男孩来说，已不具备挑战性了。因此，我建议男孩们把两根 15 cm 高的跨栏叠加起来组合成 30 cm 高的跨栏。尧尧采取了我的建议，很快布置好场地。但是小顾有些犹豫，询问之下，原来他想挑战更高的跨栏。于是，我鼓励他将一根 20 cm 高的跨栏与 15 cm 高的跨栏叠加起来，最终形成 35 cm 高的跨栏。

比赛正式开始，两人轻松地完成了跨栏。

片段二：

两人意犹未尽，都想挑战更高的跨栏。于是，尧尧将原先 30 cm 高的跨栏“升级”成 35 cm 高的跨栏。小顾则将跨栏“升级”成 40 cm。

比赛开始，小顾轻松地越过栏架，落地很稳。而尧尧在过栏时总是碰倒栏杆。我鼓励他多试几次，但几次失败后，尧尧不愿意再尝试了。

发现与解读

跨栏是一项对于身体协调能力要求较高的运动，也是需要正确的跨栏动作技巧才能掌握的。而尧尧在跨越时屡次碰倒栏架而失败，直至最后放弃继续跨栏，针对幼儿这一情况，我开始思考是什么原因导致他一再地脚碰到栏架，难以攻克跨栏这一运动呢？

一、尚未掌握跨栏动作技巧

正确的跨栏动作能够使幼儿的身体达到平衡协调的状态，也更容易跨过栏架。这需要幼儿在起跨时，攻栏腿伸直、起跨腿弯曲，大小腿与地面呈水平姿势。

尧尧在起跨时，他的起跨腿和地面呈 90 度夹角，这样脚部很容易触碰到栏架，同时这样不正确的姿势也会对他的腿部造成一定的损伤。

二、还需增强身体运动素质

跨栏是一项对身体各方面运动素质要求较高的运动，体现在力量素质、速度素质、身体的耐力和持久性以及柔韧和协调素质这几个方面。

(1) 力量素质。从跨栏跑的短时性、爆发性的特点可知，幼儿在栏间跑的每一步缓冲、蹬伸和起跨攻栏都需要用下肢的力量去维持。

(2) 速度素质。幼儿在保持最大速度的前提下以最短的时间冲过终点，在这短短十秒的时间内幼儿极大程度地发展了自己的冲刺速度。

(3) 耐力素质。跨栏运动需要幼儿在跑动中保持良好的栏间跑节奏与起跨之间的协调配合，因此也需要幼儿保持较好的耐久力。

(4) 柔韧、灵敏、协调素质。在起跨攻栏中，幼儿的摆动腿需要摆得尽可能远，跨栏腿要充分地折叠和提拉，这需要幼儿发展下肢的柔韧性以及身体的协调性。

案例中的尧尧在跨栏时，下肢的爆发力不够，以至于没有较大的冲刺力进行助跑；而在起跨攻栏时，尧尧的攻栏腿并没有充分伸展，他的起跨腿姿势也有些许扭曲，可见他的身体柔韧性及整体协调性还需加强。

设计与实施

在进行以上的分析之后，我思考了从三方面来帮助和指导尧尧。首先，观察尧尧在起跨攻栏中动作存在的问题，对他进行针对性的动作指导。其次，通过锻炼，逐渐发展尧尧的下肢爆发力和身体协调性，让他能够以更快的速度进行助跑跨跳，并且提高跨跳的成功率。最后，以鼓励和肯定的方式激励尧尧挑战连续性的跨栏，同时运用计时练习的方式激发他的运动兴趣。

一、掌握正确的助跑跨跳动作

（1）助跑跨跳动作要领：快速起跑，跑动中单脚起跳，用力蹬地，攻栏腿伸直、起跨腿弯曲，大小腿与地面呈水平姿势，在空中的瞬间滞留前弓步，落地后不要停止，继续加速跑。

（2）分解动作：加速靠近障碍物后，指导尧尧一侧脚蹬地，双臂上摆，同时另一侧脚跨越后缓冲落地，左右脚交替进行。

（3）纠正动作：纠正尧尧起跨的要领，目标是跨而不是跳。攻栏腿尽可能抬高并向前延伸，上半身稍稍前倾。

二、发展下肢爆发力

针对尧尧下肢爆发力，制定了以下练习方法：幼儿单脚向前连续跳；幼儿助跑纵跳拍铃铛；双脚绑上沙包，原地纵跳顶气球。

三、提高身体柔韧和协调性

（1）锻炼上身的柔韧性。开始时幼儿一条腿放在横箱上，膝盖不能弯曲，上身向脚的方向前扑。

（2）锻炼腿部的柔韧性。开始时原地站立，右（左）腿小腿折叠向后拉伸。

四、激发运动兴趣的方法

（1）同伴间的促进和陪伴练习。开展小组跨栏赛，自由结对，和同伴一起比赛跨栏。因为在跨栏比赛中幼儿需要遵守规定，运动过程中会有一定时间的坚持和延续，所以幼儿自始至终都会对自己有一定的要求，他们的坚持性和意志品质也会得到发展。尧尧在此环境中练习能够更大程度地挑战自己的运动潜能，从而获得成就感和自豪感。

（2）计时练习。教师准备一个秒表，为尧尧每次的挑战跨栏进行计时，在尧尧每个栏间跑以及起跨时刻进行有节奏地喊口令，激发尧尧的斗志和挑战欲望。每次的计时都能够给予尧尧更大的激励。

成效与感悟

经过两周运动时间以及下午体游时间的练习，尧尧助跑跨跳的动作更加规范、准确了，下肢的爆发力也有所增强。

1. 跨跳动作：尧尧的攻栏腿在抬起的时候能够伸直并且与地面几乎呈水平，他的起跨腿也是向上折叠弯曲，再也不会碰到栏架了。

2. 下肢力量：在经过两三次的观察和计时发现，尧尧栏间跑的冲刺速度比以往更快了，整段助跑跨跳的时间从原来的 9 秒多压缩到 6 秒多。

3. 上身柔韧性：在起跨的空中瞬间滞留时，尧尧的上半身能保持稳定的前倾和弯曲，使自己在落地后仍能维持重心。

活动后，我有了以下两点感悟：

一是分析幼儿个体运动水平，实施针对性地指导。每个幼儿运动发展水平不尽相同，在实施运动课程时，教师要悉心观察每个幼儿的运动水平，予以适切的帮助。案例中我根据尧尧和小顾跨栏发展水平的差异，实施个别化的指导。如此一来，尧尧和小顾都可以在自己原有运动水平上获得最大效益的发展。

二是剖析幼儿运动困难的成因，实施科学的运动指导。幼儿运动是一门科学学科，涉及到生理、物理等多方面的学科。在以往的运动活动中，由于教师缺乏运动方面的专业知识，导致对幼儿的运动指导停留在口头鼓励，或是放任发展。因此，教师要提高自身运动专业素养，在运动指导时，不仅关注幼儿运动兴趣，以及是否成功完成某个运动项目，而且要关注某个运动的动作要领以及幼儿身体发展的各项运动素质。

通过这段时间的观察和分析，我感悟到真正对幼儿有益的运动是通过持续地反复练习来提高幼儿的身体素质、动作协调性和适应环境的能力，培养幼儿健康的体质。

（撰稿者：邓嘉雯）

4-4
课程现场

趣玩“云中行走”

我班幼儿在体能测试中“平衡”运动能力偏弱，于是我就在思考经常在平衡攀爬区运动的他们怎么会在这一项能力上较弱，到底问题出在哪里？是运动区的规划问题？还是教师的指导不够？或者还需要结合更科学、专业的课程设计实施来综合提升他们的运动素养？

现场与实景

片段一：

运动开始了，宸宸准备搭建“勇敢者道路”，他轻轻地从木板堆上拿下一条木板，用双手拖着一端将其搬运到草地上。接着他又架起一个人字梯搬到草地中间，这时小捷跑过来和他一起搬了一根长木板，搬完，小捷就跑开了。

接着宸宸一个人又陆陆续续搬运了 4 根木板，他将前 3 根木板搭在梯子的一端，后两根就平铺在勇敢者道路顺势的地上，宸宸搬完 5 根木板站在旁边歇了一会。

片段二：

过了 5 分钟，小捷又走过来邀请宸宸到木桩区玩儿。

小捷慢慢地踩着摇摇晃晃的木桩经过，他基本上是前脚后脚交替行走，宸宸有时会站不稳，双手趴在木桩上，双脚并拢让自己站稳再前脚跟后脚“螃蟹式”行走，宸宸跟在小捷后面，走了两步太摇晃就从木桩中间的缝隙中钻了出来，小捷和宸宸在木桩上玩了 15 分钟，期间小捷完整走过木桩 8 次，宸宸完整走过 6 次，俩人玩好就在木桩上坐下来休息一会。

片段三：

另一边，在搭建好的“勇敢者道路”上，辰辰和品彦在排着队上梯子、木板，品彦手脚并用快速爬上梯子，一只脚踩稳后很快翻过身来到木板上，双脚微曲，左脚跟着右脚慢慢一步步走过较高的木板，用时20秒。

辰辰双脚交替慢慢跟在品彦后面，他们翻过另一端后，又依次通过较低的木板，两人速度加快通过了这根木板。

发现与解读

一、场地宽阔器材充足，但缺乏老师指导

攀爬区域是一片大草地，有平坦宽阔的区域，也有隆起的小山丘，幼儿在搭建“勇敢者道路”能根据自己的想法选择材料种类与搭建方式，充分体现幼儿在体育游戏中的自主性。例如，木板与木板组合、木板与人字梯组合、人字梯与木梯组合等。大面积的绿色草地给予幼儿充足的运动空间，有利于充分发挥他们的想象力与创造力，松软

常用搭建方式

草地有效缓解幼儿摔下对身体的伤害，但老师在整个活动过程中缺乏幼儿对平衡训练的帮助与指导。

二、课程目标不明确，课程内容单一

攀爬区域目的在于锻炼幼儿平衡能力，看似攀爬区域让幼儿锻炼攀爬的机会很多，但老师没有设置明确的挑战目标，幼儿平衡能力得不到进一步提高。“一日活动皆课程”，运动课程不可脱离幼儿的年龄特点以及兴趣。教师应创设不同情景来吸引幼儿，中大班幼儿虽然较适合低结构的材料，但是游戏的情景创设仍需教师提前预设来推动，如教师在他们搭建好的“勇敢者道路”上放置一些小玩具，调动幼儿走平衡木的积极性，采取竞技比赛形式激发幼儿的挑战欲望。幼儿在运动过程中注意力高度集中，充分体验运动所带来的快乐和满足。情景化的场地设置有利于老师在游戏中进行动作教学，培养幼儿运动兴趣。因此，幼儿会主动去挑战较高难度“勇敢者道路”，在不断挑战过程中能更快地掌握走平衡木技巧，更稳的完成平衡木挑战。幼儿户外平衡锻炼要有明确的活动目标，依据幼儿的身心特点，设置不同的平衡挑战路线。

设计与实施

在发现攀爬区域活动问题后，依据幼儿的身心特点，我设置了科学的体育活动内容。

一、设计干预活动

1. *多样化活动*

走平衡木是平衡能力锻炼的方法之一，但不能仅限于走平衡木。幼儿平衡能力的练习，一般包括动力性平衡练习和静力性平衡练习两大类。动力性平衡练习主要包括：原地旋转、闭目行进、窄道移动、走平衡木等，静力性平衡练习主要包括：单脚静力支撑、仰卧平板支、俯卧平板支撑、侧身平板支撑等。

片段 2 中，男孩子对单一的运动模式已经失去兴趣，被旁边的活动器材吸引。因此，教师要设置丰富的日常活动课程内容，运用更多相关运动材料创设更丰富的运动环境，如增添固定的梅花桩、平衡台、转盘、滚筒、独脚椅等。

2. 趣味化原则

枯燥的攀爬与行走容易让幼儿产生倦怠，不愿意再次进行平衡类运动，渐渐失去对攀爬区的兴趣。正如故事 1 中的两名幼儿在搭建完场地后就感觉完成任务去玩别的，说明这个运动场景并不吸引他们，这样既不利于教师指导，更不利于幼儿的全面发展。

3. 差异化指导

针对性格活泼、好动的幼儿，应多参加动力性平衡练习，像片段 1、2、3 中的男生都比较好动；但相对于平衡能力较弱的品彦来说，他们在同一纬度但不同的层次，那我们就可以对他们进行差异化的平衡指导。

趣味平衡王多种玩法：

平衡木比赛双向过桥

围合型平衡木滑步过平衡木跨越障碍物过平衡木

二、实验测试

对班级进行为期一周的干预实验，每天进行 2 次活动，每次活动时间为 30 分钟。

三、测试方法

(1) 观察指标：幼儿能否在宽 15－20 厘米、高 30 厘米的独木桥上快速通过，男生能否在 9.2－13.4 秒通过，女生能否在 10.2－14.8 秒通过。

(2) 动作指导：幼儿头部保持直立，两眼目视前方，身体放松，匀速呼吸；双臂侧平举，五指并拢，掌心朝下。

四、干预实验的结果分析

实验前后选择高 30 cm，宽 15 cm 和 10 cm 测试男女生走平衡木所用时间的差异，实验结果如表一。

表一

高 30 cm 走平衡木(s)	宽 15 cm		宽 10 cm	
	干预前	干预后	干预前	干预后
男生	10.85	9.93	8.83	8.04
女生	11.45	10.41	9.15	8.24

结果分析：男生走宽 15 cm 平衡木干预前后平均成绩提高 0.92 s。男生走宽 1 cm 平衡木干预前后平均成绩提高 0.79 s。女生走宽 15 cm 平衡木干预前后平均成绩提高 1.04 s。女生走宽 10 cm 平衡木干预前后平均成绩提高 0.91 s。

不论是男生或者女生在经过趣味化练习后平衡能力都有所提高，但提高的程度不同，男生走宽 15 cm 与 10 cm 平衡木平均值比女生提高的小，男女走宽 15 cm 平衡木平均成绩提高比宽 10 cm 平衡木快。此外，4 个男生走平衡木速度平均提高了 20%，品彦最高提升了 30%；而嘟嘟平均提高了 10%。虽然有差异，但是都是在自己运动能力范围内有效地提升，上升空间都很大。这也说明平衡木的直接性练习是有效的，是可行的，这样的差异化运动课程设置是符合幼儿运动规律，顺应幼儿运动需求的。

成效与感悟

通过对片段中不同运动发展程度幼儿：宸宸、辰辰、小捷、品彦和嘟嘟、不同性别特点幼儿现阶段平衡能力、场地器材以及身心发展的分析，调整前后的数据对比，我慢慢发现了运动课程的深度，不仅仅是器材的摆弄以及安全教育，更多的是四肢的多维发展以及幼儿运动兴趣和习惯的培养。

通过差异化的运动课程实施后，不同类型的幼儿平衡能力的提升也恰恰说明了差异化教学的必要性，这样的差异化运动也正体现了我园“MY 课程”的理念：让每一个幼儿绽放精彩——让每一个幼儿都能在运动平衡能力上有自己的提升，更健康、快乐成长。

对于幼儿平衡能力的研究我会持续观察和进行调整，平衡能力对于幼儿的前后庭发育是至关重要的，因此，作为教师的我们应该和幼儿不断挑战自己的“勇敢者道路”一样，不断努力探索幼儿平衡能力提升的科学方法，为幼儿在平衡能力上的终身运动发展奠定夯实基础。

（撰稿者：张　晴）

第五章　生活与社会课程：过什么样的生活便是受什么样的教育

陶行知先生曾说:“过什么样的生活便是受什么样的教育。”过好的生活,便是受好的教育,过坏的生活,便是受坏的教育。如果你过的是劳动的生活,接受的就是劳动的教育,艺术的生活便是艺术的教育,科学的生活就是科学的教育。生活是教育的本原,也是教育的归宿。可以得出的结论是:一切生活都是课程,一切课程也都是生活,有什么样的生活,就有什么样的课程。如果课程远离生活,如果课程只是获取知识,聚集事实,那么人类将不能够了解生活的意义和价值。

杜威在《民主主义与教育》中说道:“教育即生长,除它自身之外并没有别的目的。”在他看来,儿童的生长是在生活中进行的,“生活即是发展,发展、生长即是生活,没有教育就不能生活”。教育的过程就是眼前的生活,而不是为未来生活做准备,提倡教育要与儿童当下的生活融合,教会儿童适应眼前的环境,过好当下的生活。

教育的旨趣在生活。生活无时不变,即生活无时不含有教育的涵义。陶行知先生曾说:“过什么样的生活便是受什么样的教育。”过好的生活,便是受好的教育,过坏的生活,便是受坏的教育。如果你过的是劳动的生活,接受的就是劳动的教育,艺术的生活便是艺术的教育,科学的生活就是科学的教育。生活是教育的本原,也是教育的归宿。可以得出的结论是:一切生活都是课程,一切课程也都是生活,有什么样的生活,就有什么样的课程。

的确，课程与生活本来就是一个有机的整体，脱离课程意义的生活是不智慧的，脱离了生活原意的课程是不完整的。这里包含这两层意思：第一，课程的内容就是生活的外延，生活有多大，我们的课程内容就有多广；第二，课程的形式就是生活的形式，不拘泥于教学，不拘泥于书本，不拘泥于所谓的“自主、合作、探究”。

在幼儿园里，每天都上演着丰富多彩的生活：交到新朋友了，和朋友吵架了，爱上吃青菜了，认识新豆子了，牙齿掉啦，做值日生啦……这些快乐、难忘的生活都将影响着孩子们的成长。《3～6岁幼儿发展指南》指出：“帮助幼儿养成良好的生活与卫生习惯，提高自我保护能力，形成使其终身受益的生活能力和文明的生活方式。”如何让孩子的成长更有意义，如何让孩子的需要被满足，如何让不同的孩子得到差异化的教育，我们一直在思考，在努力。

近些年，在“MY课程”的引领下，我们置身于提高生活课程中每个孩子的生活质量，解读幼儿的行为，辨别幼儿的需求，从生理、心理需要的问题进行研究。瑞吉欧教育家洛利斯说：“孩子，是由一百组成的；孩子有一百种语言，一百只手，一百个念头，一百种思考方式、游戏方式、说话方式……”

我们尊重儿童的差异性，既满足共性发展特点，又提供个体需求的差异化教育，制定差异化的实施计划，走进孩子的世界，真正地让幼儿有所获，快乐生活、自主生活。我们谨记陶行知先生的教导：教学做合一。生活现象之说明，即教育现象之说明，在生活里，对事说是做，对己之长进说是学，对人之影响说是教，在做上教，在做上学。教而不做，不能算是教；学而不做，不能算是学，教与学都以做为中心。

如果我们的课程离生活越行越远，如果我们的课程只是获取知识，聚集事实，将之编集汇合；那么人类将不能够更加了解我们本身，了解生活的真正意义和价值，便不能够培养完整的、有智慧的人。

课程现场 5-1

蔬菜大作战

现场与实景

午餐时间到了，今天的蔬菜是清炒鸡毛菜、荤菜是鸭肉羹和菠菜鱼圆汤。孩子们洗完手在自己的座位上开始吃饭，我发现豆豆在饭刚分好时他吃了一口，就和同桌的小朋友说起了悄悄话。我抓着豆豆的手握起调羹，舀了一勺菠菜往他嘴里送。

我说："豆豆来张大嘴，这个蔬菜可好吃啦。"

"不爱吃菜，我不要吃。"豆豆摇着头捂着嘴，连忙把头扭向旁边。可当我把鸡毛菜喂进他嘴巴的时候，他放在嘴里嚼了两下开始呕吐。

我用同样的方法引导墨墨吃蔬菜，可是喂好一口后，墨墨盘里的蔬菜还是一动也不动。

"宁宁不要把鸡毛菜扔在桌上，这个可有营养了，多吃蔬菜嘴里就不会长水泡。"阿姨说。

宁宁噘着嘴说："这个我没吃过，我不要吃！"

"这个鸡毛菜营养好，吃了不会生病，我最喜欢吃了！"旁边的睿睿舀了一勺送进嘴里，吃得津津有味。

"我从来不吃蔬菜的。"宁宁说。

"这个可好吃了，先吃一点点试一试。"阿姨舀起一点点蔬菜往宁宁嘴里送，宁宁马上把嘴闭得紧紧的。

忽然，传来岩岩哭泣的声音。

“岩岩怎么了？”我马上过去安慰。

“我不要吃菜，我要回家。”

发现与解读

一、幼儿分析

1. 生理因素：孩子挑食，首先，可能是因为孩子的体内缺少了一些必要的元素。孩子缺锌会表现出不爱吃蔬菜和水果，严重的孩子遇到菜叶就会用手逐一地挑拣出去。缺维生素及缺钙，也会导致孩子挑食，胃口不好。其次，孩子的脾胃虚弱，容易引起孩子挑食。孩子吃各种食物，首先要消化和吸收后才能有摄取新的食物的欲望，因此少给孩子吃不易消化的食物。

2. 心理因素：通过家长问卷调查，我们发现 13.2%孩子的咀嚼功能和吞咽功能较弱，以前被纤维大的菜叶卡住过，对于稍大或稍硬的食物无法下咽，会出现呕吐、咳嗽现象。15.6%的孩子不喜欢蔬菜的味道或口感，20.8%的孩子是因为从来没吃过某种蔬菜，不愿意尝试新食物。

3. 气质类型：不同气质的孩子对新的食物也会产生不同的反应，容易型的孩子会很快去接受一种新的食品，而且喜欢不断尝新，但是也会出现喜新厌旧的问题。对于一些困难型气质的孩子，对于新的事物很敏感，很难让他接受一种新的食品，因此这样的孩子做到食品多样化就存在着困难。对于缓慢型气质的孩子，接受新的事物比较慢，因此接受新的食物就比较慢，而且吃饭慢慢腾腾，对于食物常常表现出无所谓的样子，似乎吃不吃都可以。

二、家庭分析

1. 受家长不良饮食习惯影响：家长本身就有挑食的习惯，进餐时，不是这不想吃就是那不想吃，虽然这些坏毛病都是在无意当中显露出来的，但是久而久之，就会使身边的孩子也学着家长的样子挑来挑去。刚开始，多数孩子是在模仿父母的做法，时间长了，也就养成了一种坏习惯挑食。“正人先正己”，要想让孩子养成好的习惯，首先就要发挥自己的榜样作用。

2. 不合理的喂养方式：孩子挑食是从婴幼儿时期的饮食单调所致，没有让孩子逐步尝试不同的食物，对孩子味觉发展是有一定影响的。除此以外，孩子挑食还可能是由于零食不离口、父母“包办”喂饭、边看电视边吃饭、家里食物单调只烧孩子喜欢的菜等原因所致，也会造成孩子挑食偏食的习惯。

3. 家庭烹饪方式的不同：食物的种类、制作方法单一，有的家长不是单给孩子制作饭菜，过于粗糙、味道、花色单一，引不起孩子的食欲来，造成对饭菜的拒绝。

4. 不同类型的家长不同的教育方法：溺爱型的家长对孩子过于迁就与放任，孩子没有养成固定的地方吃饭，家长追着喂饭，不爱吃的菜就不吃，助长了孩子挑食的坏习惯。紧张型家长对孩子的身体过于关注，经常强迫孩子进食某些营养食品，从而引起孩子对这些食物的反感。严厉型的家长给孩子的压力太大，过分强调孩子多吃，家庭进餐气氛不好，孩子一到吃饭时间就紧张，从心里产生抵触。

三、我的思考

1. 营养膳食对幼儿生长发育起着至关重要的作用

3－6 岁的幼儿正当生长发育旺盛时期，每天必须从膳食中充分获得营养物质，才能满足其生长发育和生活活动的需要。如果幼儿长期缺乏某种营养和热量供应不足，不但影响幼儿的生长发育，还能引起许多疾病。蔬菜类的作用是补充微生物和矿物质，调理肠胃，促进生命的基本生长。肉类补充人体的蛋白质和维生素。水果补充果酸和维生素，为幼儿提供基本的营养元素。肉、蔬菜和水果的结合和搭配，能够改善幼儿的成长发育的不利因素，使得营养膳食能够得到合理的搭配和全面的改善，并且让孩子们在膳食的维护下健康快乐地成长。

2. 良好用餐习惯培养的必要性

如果没有形成与之相应的良好的进餐习惯，光有丰富可口的食物也是徒然的。因此培养幼儿良好的进餐习惯意义重大。幼儿时期是培养孩子养成良好习惯的最重要的一个阶段，不光是眼前孩子学会了一件事的做法，更重要的是幼儿时期养成的习惯将会伴随孩子的一生。3－6岁的孩子正处于人生的初始阶段，可塑性强，自控能力差，既是养成良好行为习惯的关键时期，又容易受到自身、他人的影响，不能自觉地养成各种良好的习惯。所以在幼儿时期如果不适时培养良好的习惯，会习惯成自然，长大了也很难改掉。幼儿期，孩子就餐习惯的可塑性较强，培养他们良好的就餐习惯，及时纠正不良饮食习惯，是家庭教育和幼儿园教育、保育的一项重要任务，对幼儿的健康成长具有十分重要的意义。

小班是幼儿从“家庭”进入到学校这样一个小社会，孩子的这种不良饮食习惯也带到了幼儿园，特别是小班孩子不适应新环境、新食物、新口味，进餐时经常有小朋友这个不吃那个不吃。那么如何教育孩子做健康宝宝，认识到挑食的危害性，让孩子爱吃蔬菜，我们做了一些尝试。

设计与实施

一、学校教育——激发孩子对蔬菜的喜爱

（一）活动推进

1. “蔬菜”讨论会

我们利用晨谈的时间，问问孩子“你最喜欢吃什么蔬菜？我们为什么要吃蔬菜？”等。孩子们纷纷表达了自己的想法。有的小朋友说，蔬菜有营养，不吃蔬菜就会生病；有的孩子问蔬菜是从哪里来的？有的孩子问蔬菜怎么种的？有的孩子说蔬菜是农民伯伯辛辛苦苦种出来的，不能浪费；也有的小朋友说，幼儿园里的饭菜不好吃；还有的说，幼儿园里的饭菜菜太多了，吃不完。知道了孩子们的想法后，我们开始想办法，也开始采取一些措施。

2. 集体活动

挑食是关系到幼儿身体健康的问题，孩子们不懂得身体需要的营养是由食物补充的，健康的饮食能培养出健康的人。我们就利用集体活动《蔬菜王国》、《蔬菜营养多》、

《青菜奶奶的生日》、《可爱的蔬菜宝宝》等，让孩子知道样样东西都爱吃对人好处多多，吃饭挑食就很难长成身材漂亮、头脑聪明的人。

3. 绘本故事

我们还通过生动、形象的绘本《爱上吃青菜的小兔子》、《吃掉碗里的豌豆》、《我绝对不吃番茄》、《肚子里有个火车站》等等，孩子们的兴趣马上就来了，孩子们也明白蔬菜的重要性。在故事结束后的午餐生活环节中，孩子们都积极主动的去吃蔬菜了。我们对那些不爱吃蔬菜的到主动去吃蔬菜，哪怕只是尝试一点点，我们都给幼儿予以及时的表扬。

4.（我是小菜农）自然角种植

小班幼儿处于直觉行动到具体形象思维的过渡阶段，他们的认识很大程度上要依赖行动，常常通过自己的行动表达需求。因此，我们在自然角种植幼儿不爱吃的蔬菜，我们让幼儿自己亲手种植、养护，观察蔬菜从小到大的变化过程，体验劳动后享用成果的快乐，激发幼儿不挑食的愿望。在种植、照料的过程中，孩子们还发现菠菜和鸡毛菜发芽后，刚长出的叶子形状是不同的。孩子们会拿着自己的小记录本，在上面记录自己种的蔬菜生长变化。当有一天午餐又吃菠菜时，很多孩子都认出了菠菜："这不是我们种的菠菜吗？还蛮好吃的。"不爱吃蔬菜的墨墨、宁宁、豆豆等小朋友都津津有味地吃着。

5. 美工区蔬菜变变变

为了增加孩子们对蔬菜的喜爱和兴趣，我们还让孩子们从家里带来了烧菜剩下的蔬菜根部，放在美工区和颜料玩有趣的拓印活动. 给蔬菜贴上眼睛鼻子嘴巴，还能变成可爱的蔬菜娃娃。孩子们开心地说："原来蔬菜除了吃还那么好玩！"

（二）环境支持

1. 营造温馨的进餐环境

每次用餐我们会为孩子们的餐桌上摆放上装饰物或铺上餐布，放着优美动听的音乐，餐桌的座位也是孩子们自主选择的，早上来园就可以和好朋友商量好"约饭"，午餐时和好朋友坐在一起用餐。在宽松温馨的用餐环境中，孩子们说："这个和爸爸妈妈带我去饭店吃饭是一样的，真开心！"

2. 少盛多添自主就餐环境

针对不爱吃蔬菜的幼儿，采用少盛多添的方法。有的幼儿看着满满的蔬菜就不想吃了，因此请保育员有针对性地少盛菜来鼓励个别幼儿吃完自己的一份饭菜，及时表扬他的进步；到后期初步增加饭菜的量。我们与保育员商量盛蔬菜时按小量、中等、较多三个层次分菜，让幼儿自己取菜，幼儿可以按照自己的需求来自主选择小量、中等或较多的菜。岩岩拿着小量的蔬菜，认真地吃着，当她举起空盘子给我看时，我发现她脸上的笑容是那么的开心："老师，你看我蔬菜吃完了！"在相对轻松的心理环境下，岩岩逐渐放松了对吃蔬菜的紧张感，迈出了第一步，体验到挑战自我的快乐。

3. 版面的创设——我爱吃蔬菜

我们创设了"我爱吃蔬菜"的版面：孩子们能吃完盘里的蔬菜，就可以将自己的照片贴到照片墙上，从第二次开始，每吃完一次蔬菜就可以在照片上贴一张贴纸，比比谁的星星最多，还能到老师处兑换奖品，让他们也能获得成功的快乐。

二、家庭教育——亲子活动提高用餐积极性

家长最为担心的是孩子的偏食会导致营养不良带来身体上的健康问题，挑食严重孩子不仅会因为偏食产生身体健康问题，更为严重地会导致儿童学习、接受外界信息的方式的单一性及性格心理上的偏执与固执。因此，个别挑食较为严重的孩子，我们建议家长在医院排除生理因素导致的儿童偏食症后，我们给家长们提供了一些亲子活动，激发孩子对蔬菜的喜爱，提高孩子们吃蔬菜的欲望。

1. 蔬菜 DIY

亲手制作好吃的食物，一直是孩子向往却又无法实现的事。因此，我们组织了亲子蔬菜披萨 DIY 活动，孩子们在披萨店选择各种蔬菜，制作蔬菜披萨，并与家长同伴共同品尝分享，原来孩子们不爱吃一些气味较重的蔬菜(洋葱、青椒等)，改变了烹饪方式，通过自己动手制作，孩子们大口大口地品尝着自己做的蔬菜披萨。此外我们还在自然角(我家菜园)让孩子收获各类自己种植的蔬菜，拿到家烹饪好吃的菜肴。我们还鼓励家长和孩子共同制作蔬菜沙拉、包饺子、包馄饨、制作南瓜饼、一起磨豆浆等活动，不仅好玩还提高孩子吃蔬菜的欲望。

2. 蔬菜哪里来

孩子们对于“蔬菜哪里来”这个话题很感兴趣，因此我们鼓励家长带着孩子们去菜场、去超市一起去买菜，孩子们不仅认识了常见的蔬菜，还发现蔬菜的不同外形特征，孩子们对蔬菜不再陌生，还有很多关于蔬菜的问题来问老师和家长。

3. 餐前服务小帮手

孩子天生就对餐前的准备工作感兴趣，家长可以利用他们好奇、好动的天性，让他们帮忙摆桌椅、端菜碟、分碗筷，甚至在做菜时让他们帮忙摘菜、洗菜、拿佐料。面对自己参与劳动所得的成果，孩子自然会胃口大开。

4. 家庭观察检核表

我们设计了一个家园用餐检核表，制订了便于家长观察记录的幼儿用餐情况指标，家长根据幼儿每天在家用餐情况，在检核表上用五角星（很棒）、三角形（仍需努力）进行记录，指导家长看孩子的阶段发展，做好双向的观测和指导。针对一些仍需努力的地方，家园共同协商对策进行有针对性的指导。

5. 全家总动员

要想孩子不挑食，首先做家长的就要以身作则，做爸爸妈妈的就不能天天挑肥拣瘦的，那么孩子耳濡目染地对一些食物也会新生厌恶感，要在吃饭的时候表现出很爱吃饭的样子，并且从不挑剔，那么孩子从小受大人的影响、也会好好吃饭的。

我们建议家长为孩子和自己也做一个星星榜，记录孩子和家庭成员每天在家用餐情况，能够完成规定的饭菜汤，请家长和孩子分别为对方在星星榜上贴上一颗星，贴满十颗星就满足一个愿望，相互的监督使家长成为孩子的好榜样！

成效与感悟

一、从被动到主动悦纳

最大的收获莫过于孩子们的转变，通过采取一系列措施，孩子们从对吃蔬菜拒绝的态度到现在愿意去尝试，这是一个质的飞跃。究其原因，首先心理障碍逐步解除。从集体活动的选择到环境的调整，从自然角的种植到美工区蔬菜变变，让孩子们在一次次与蔬菜的接触中，逐渐放松了对蔬菜陌生感和紧张感，他们认识了蔬菜，喜欢上了蔬菜。其次，尊重个体差异。每个孩子都是不一样的，因此，我们在开展各类活动中无论是少盛多添自主就餐环境或者版面的创设——我爱吃蔬菜中，我们不仅要考虑大多数儿童，还要思考是否能满足每一位儿童的需求，这也是我们"MY 课程"的核心理念。

二、生活课程活动化、持续化

根据幼儿的年龄特点及学习特点，我们发现有情境的、有趣的内容，容易吸引幼儿，激发他们的学习兴趣。所以在开展"MY 生活小计划"时，我们要充分关注孩子的经验，设计有趣的情景、开展形式，激发幼儿参与的积极性，将"MY 生活小计划"有效地实施。随着教育观念的不断更新改变，我们知道生活版块的内容不单单只在生活时间进行。一日活动皆课程，我们要关注孩子的需求，并通过整合的课程观，将生活课程的内容有目的地进行实施，而不只是简单地停留在日常提醒、教师示范等单一模式上，真正地设计幼儿喜欢的课程。

三、家园共育才能事半功倍

幼儿园和家庭是培养幼儿良好习惯的重要场所，在幼儿园里我们对幼儿进行不挑食等良好进餐习惯的培养。但是仅靠幼儿园里培养是远远不够的，在家庭也应严格要求，这就需要家庭与幼儿园的合力，实现"家园教育一体化"。因此，我们可以通过给家长提供一些方法和策略，力求家庭与幼儿园的同步协作，实现"家园教育一体化"，形成紧密的教育合力，才能更有效地促进幼儿健康全面地发展，才能事半功倍。

（撰稿者：王佳佳）

课程现场 5-2

我们眼中的牙齿

现场与实景

大班是幼儿自我认识进一步扩展的时期，在我们班中发生了以下两件关于牙齿的事件。

1. 漱口事件

随着孩子们升入大班，他们对餐后漱口这一点早已达成共识。但是通过最近一次关于午饭后漱口情况的观测，结果让我们深感意外。10%的孩子午餐后没有漱口，70%的孩子漱口草草了事，仅是将水喝进嘴里然后马上吐出来，只有20%的孩子能够做到将水含在嘴中，然后咕噜咕噜吐掉。之后我们又进行了两次观测，结果与之前相仿。

针对这一现象，我们开展了一次调查，原来孩子们认为漱口是一件教师规定的必须要完成的一件任务。他们没有意识到餐后漱口对保护牙齿的重要性，所以做起来自然也就不会认真了。

2. 换牙事件

涵涵的牙齿摇得厉害，保健室的医生帮忙把牙齿拔了下来。这在班级引起了强烈的轰动，孩子们纷纷发表自己对于换牙的感受：

"我是去医院里拔牙的，我觉得一点都不疼。"

"我也是去医院里拔牙的，我觉得很疼的。"

"我的是爸爸妈妈拔下来的。"

“我的是吃东西的时候自己掉下来的。”

……

孩子们彼此讨论着他们所经历的事情，还有他们自身对于牙齿的经验。

发现与解读

大班阶段是幼儿自我概念形成的重要时期，在这个阶段，幼儿对自我表现出强烈的探究热情，尤其是在认识身体方面，他们的好奇心不再停留在“我的身体是什么样的？”，他们更喜欢问“为什么我的身体是这样的？”

通过这两次事件，激起了孩子们对于自己牙齿的探究热情，所以我们就顺应幼儿的兴趣热点，在班中开展了“我的牙齿”项目化学习活动。

设计与实施

一、确定项目网络图

看着孩子们讨论如此热烈，我也饶有兴趣地加入了他们。

（1）通过讨论聚焦探究的重点

我问孩子：关于牙齿，你们还知道什么？通过这样的询问，我想知道了解孩子们关于牙齿更多的经历、知识、理解和误解，从而确定牙齿的探究网络图。原来，孩子们对牙齿的探究兴趣非常的浓厚，他们提出了很多困惑：

为什么牙齿上有小黑点？

为什么新长出的牙齿上有锯齿形？

为什么我的牙齿不整齐？

为什么牙齿有点黄？

……

(2) 将问题分类梳理，并结合基本经验

我们将孩子们的问题进行分类梳理，结合指南中关于健康领域以及科学领域的基本经验：1. 能够每天早晚主动刷牙和餐后漱口；2. 能经常动手动脑寻找问题的答案；3. 能发现常见物理的结构与功能之间的关系，将探究问题聚焦为认识牙齿，包括牙齿的种类和牙齿的作用。孩子们自由选择感兴趣的话题开始了一系列的探究活动。

二、项目推进

(1) 搜集信息解答问题

牙齿的种类这一组的孩子通过查阅书籍、询问父母的方式知道了牙齿有乳牙和恒牙两大种类。那么为什么会有乳牙和恒牙呢？这个和换牙有什么关系？对此，孩子们开始了下面的讨论：

雅雅说："我们的乳牙下面，一开始就长着恒牙，所以等恒牙慢慢长大之后，我们就需要换牙了。"昊昊也分享了自己的发现："因为我们长大了，里面的牙齿也长大了，所以就要换牙了。"

大家七嘴八舌地讨论，通过这样的讨论，孩子们相互分享自己搜集而来关于牙齿种类的经验，也明白了自己换牙的原因了。随后，我播放了换牙的动态过程，进一步深化孩子们对乳牙和恒牙，以及换牙原因的认识。

(2) 体验牙齿的功能

我们开展了一次集体教学活动，主要提供了一份牛奶还有一份饼干。希望孩子们通过对比流体和固体，体验牙齿的作用。孩子们通过现场体验并且结合自己的生活经验纷纷表达自己对牙齿作用的认识，牙齿能帮助我们把食物切碎，牙齿帮助我们把话说清楚，牙齿还可以让我们看起来更好看。

在吃完饼干之后，孩子们互相发现牙缝里有很多的碎屑，那么怎么保护牙齿不被这些碎屑伤害呢？牙齿的作用这么大，怎么保护它呢？

(3) 知道保护牙齿的正确方法

每个孩子都知道通过早晚刷牙和饭后漱口来保护牙齿，可是，我们通过和家长沟通，知道了一部分的孩子并不知道如何正确地刷牙，于是我们给孩子们提供了牙刷和小镜子，请孩子们一起做一做正确的刷牙姿势，刷上牙时，顺着牙缝从上往下刷，刷下牙时，顺着牙齿缝从下往上，不仅要刷牙齿外面，牙齿里面也要刷。

有的孩子说糖果和巧克力不能多吃，要不然会长龋齿。班上的其他孩子都很赞同这个观点。还有孩子谈起了饭后漱口，这样可以把粘在牙齿缝里的碎屑都冲洗掉。孩子们热烈的讨论着保护牙齿的方法。

三、项目结束

在项目结束阶段，孩子们已经积累了关于牙齿的一些经验，他们在自由活动时，会去用镜子照照自己的牙齿，还会摆弄看看牙齿模型。还有孩子把自己晃动的牙齿展示给大家看，兴奋地说自己很快要换牙了。

于是，我们开展了一次“画一画我的牙齿”的美术活动，希望孩子们能够将自己的牙齿用绘画的方式进行大胆表现，孩子们的画也给了我们很大的惊喜。有的孩子画的牙齿上面有两个小黑洞，有的孩子画的牙齿一点不整齐，有的孩子还画了保护牙齿的好方法：早晚刷牙、漱口、多吃蔬菜，有的孩子画了大大的牙齿切碎了硬硬的骨头……通过本次活动，孩子们充分地展示了自己对牙齿的认识。

成效与感悟

一、“为什么”比“是什么”更重要

对孩子而言，他们还不能真正理解常规活动，诸如漱口、洗手等对于自身健康的意义，他们会认为常规活动是阻碍他们继续游戏的环节，或是因为可以玩水，漱口和洗手可以是很有趣的事情。

因此，幼儿园的常规教育不能依靠教师的强制执行，而是从幼儿的年龄特点出发，从激发他们认识自我，形成自我概念的角度，理解保护身体的重要意义，并通过多元化的教育方式，在潜移默化的影响中，帮助幼儿逐渐理解常规活动存在的意义。

二、基于幼儿学习需求开展活动

看似简单的生活课程，其实也蕴含着浓浓的探索味道。从一开始幼儿观察自己的牙齿，发现牙齿的小秘密之后，孩子们就没有停止过发现和探索，而且在活动过程中幼儿一直起着主导地位。因为幼儿天生就具有主动探究的愿望，我们要做的就是要尊重幼儿的主动性，让幼儿主动地去探究，而不是被动地接受。

三、生活课程需要整合地思考

随着教育观念的不断更新改变，我们知道生活版块的内容不单单只在生活时间进行。一日活动皆课程，我们要关注孩子的需求，并通过整合的课程观，将生活课程的内容有目的地进行实施，而不只是简单地停留在日常提醒、教师示范等单一模式上，真正地设计幼儿喜欢的课程。

四、幼儿的兴趣才是最好的老师

通过这次活动，让我深刻感受到，幼儿的兴趣是推动幼儿学习最好的老师。在本次活动中，老师一直是起着支架的作用。顺应幼儿的关注热点，为他们铺设适宜的平台，幼儿就会回以我们惊喜。

（撰稿者：王思怡）

5-3
课程现场

我们都是好朋友

现场与实景

中班是幼儿交往的敏感期，他们渴望与同伴交流，渴望拥有很多朋友，但是有的孩子却不会交往，缺少交朋友的方法和技能，常常因为交不到朋友而感到沮丧。这是我在观察班级幼儿交往方面看到的两个片段：

片段一：

每到找朋友牵手去户外玩的时刻，敦敦总是没有朋友要和他牵手，一次尧尧跑来要和老师牵手，说“没有朋友了”。老师一看敦敦还是一个人，就说：“尧尧你可以去找敦敦啊。”尧尧：“我不要和他牵手，他总是很慢。”……

片段二：

皓皓总是无缘无故地去戳小朋友，又或是追着其他幼儿跑，经常被其他幼儿来告状。询问皓皓后，他总是说，“我想跟他们做好朋友”……

发现与解读

同伴关系是儿童社会性发展的一个重要方面，它在儿童社会性发展中起着成人无法替代的独特作用。中班是幼儿社会化发展的关键时期，这个阶段的幼儿正渐渐地“去自我中心”，从关注“我”慢慢地向“我和你、我和他、我和别人”延伸。在这两个案例中我们看到敦敦由于行动比较慢受到一些幼儿的排挤，皓皓缺少交往的方法，对朋友的概念不清楚。

那到底班中幼儿对“好朋友”的原有经验有多少，他们的交往水平是怎样的呢？于是，我进行了观测和了解。

一、调查、访谈——了解班级幼儿同伴关系的情况

（1）访谈法

要想了解孩子对朋友的理解和他的交友情况，最直接的方法是访谈法。通过访谈能最直观地了解孩子的一些想法。于是，我们设计了这张访谈表（见下表）。

幼儿姓名	你有朋友吗？	你的朋友是谁？	请你说出你最好的3个朋友。	你们在一起最开心的事是什么？	你最喜欢什么玩具？把你的这件玩具给你朋友玩你愿意吗？	平常不太和谁玩？为什么不喜欢和他玩？	你有不喜欢的人吗？为什么？
龚亦辰	√	黄思哲	仇思恒、徐金皓	一起上小小探索者、牵手、一起打架	水果。√	王晨宇、张嘉怡（他们不找我玩）	徐金皓、仇思恒（他们有时候很好，有时候要打我。）
俞周君	√	梁馨月	梁馨月、陆沛萱、张添欣	去她家里玩	汽车玩具 ipad√	浦以诺、徐梓烨（性格不好）	钱知易（因为她不跟我做朋友）
唐顾涵	√	金佑韦、黄子怡、王晨宇	金佑韦、黄子怡、王晨宇	玩、做游戏	魔方√	印蔡祎（不知道）	仇思恒（因为很皮）
宋部言	√	赵抒意、张嘉怡	钱知易、陆沛萱	一起玩，木头人	芭比 人多就不愿意，一个人就愿意，人太多要弄坏的	张嘉怡（不知道）	龚亦辰（因为他打人）

续　表

幼儿姓名	你有朋友吗？	你的朋友是谁？	请你说出你最好的3个朋友。	你们在一起最开心的事是什么？	你最喜欢什么玩具？把你的这件玩具给你朋友玩你愿意吗？	平常不太和谁玩？为什么不喜欢和他玩？	你有不喜欢的人吗？为什么？
王晨宇	√	邱老师	沈老师、邵阿姨、沈轩毅	牵手、看书	小汽车√	姚嘉科（总是哭）	仇思恒、徐金浩、龚亦辰（打人）
杨子瑜	√	张嘉怡、徐梓烨、王昕妍	张嘉怡、李瑞茜、陆沛萱	玩游戏	智慧球愿意给朋友玩，不愿意送	王晨宇（不是一个小区）	
黄子怡	√	浦以诺、杨子瑜、李瑞茜	浦以诺、杨子瑜、李瑞茜	在一起玩什么都很开心	娃娃√	徐金浩（不知道）	顾张尧（很凶）
姚嘉科	√	石孝萱（安亭）蔡宇萱（奚雨泽、沈轩逸）	石孝萱、蔡宇萱、侯	一起看电视、一起玩	奥特曼、变形金刚×（在家愿意）	徐金浩（很想跟他一起玩，但他不愿意）	奚雨泽（不做好朋友了）

从表中，梳理了幼儿的回答：

问题	回答统计
“你有朋友吗？你的朋友是谁？”	100%的幼儿回答有朋友，绝大部分都回答我班的幼儿，其中两个回答成人（父母、老师）还有一个幼儿回答不是我班的幼儿。其中，张嘉怡、王思杰、浦以诺、沈轩毅、黄子怡、赵抒意、王晨宇、王昕妍被提到的次数最多。
“在一起最开心的事是什么？”	一起玩游戏（22人）、待在一起就很开心（4人）、一起打架（3人）、一起牵手（3人）一起睡（1人）一起吃好吃的（1人）一起上课（1人）

续 表

问题	回答统计
“你愿意把玩具给朋友玩吗?”	33人都回答愿意，但其中5人是有要求的。如：给乖的孩子玩、给好好说的玩。 1人回答不愿意。原因是怕玩具被弄坏。
平常不太和谁一起玩？为什么？	26人回答：金皓、仇仇、奕辰，安安，因为他打人、不听话。 5人回答：某某某，因为他们也不跟我玩。 2人回答：尧尧，因为很凶，不给我看书。 3人回答：没有，都一起玩。

（2）观察法

仅仅通过访谈来了解幼儿是片面的，因为我们知道，幼儿对朋友的理解不同，和成人看待朋友的方式不一样，而且幼儿的友谊观念是在不断变化的。所以，必须通过观察，结合访谈深入了解。

观察内容 幼儿姓名	活动中经常的玩伴	能与他人分享	能把东西给予他人	能帮助其他小朋友
黄子怡	添、嘉	能	能	能
姚嘉科	没有固定的玩伴，经常一人	不能	不能	较少
浦以诺	徐、顾	不能	不能	能
……				

经过进一步的观察，我了解到：

（1）幼儿在幼儿园实际的交往情况和访谈有出入，有的幼儿在实际的生活中和访谈一致，有固定的玩伴；有的幼儿在实际游戏中并没有和访谈中提及的幼儿游戏和交往。幼儿呈现两种情况：一种是和访谈一致的，一种是不一致的，而其访谈中谈及的幼儿只是他心中比较向往和喜欢的朋友，但还没有成为自己的朋友和玩伴。

（2）幼儿在访谈中都谈到愿意与朋友分享玩具，没有争吵，但在实际的观察中有很多幼儿会因为玩具的争抢而和同伴引起冲突。这也说明，幼儿心中有比较理想的画面，和朋友相处是有期望值的。

根据访谈和调查，了解到班中幼儿的交往水平，大致呈现这样一种状态，见下图（社交关系测量图）

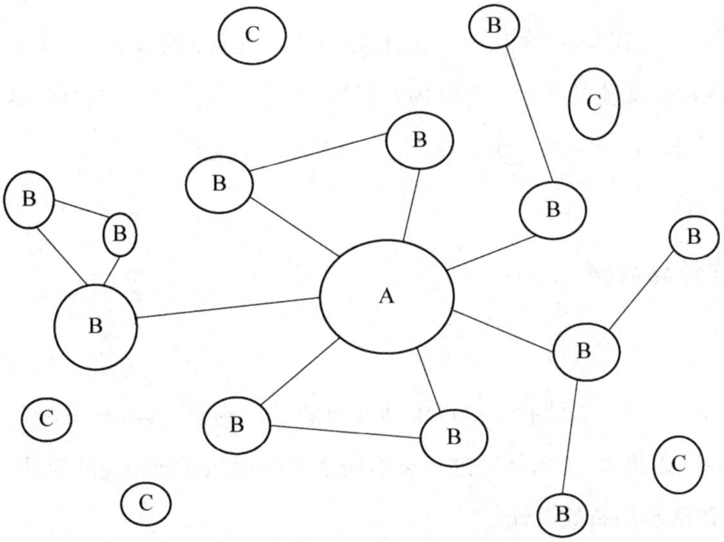

从上表，我们可以看出班中幼儿对于“好朋友”的经验大致分为以下几类：

A类：“明星幼儿”（浦以诺、徐梓烨、赵抒意等10名幼儿），他们最受同伴的欢迎，在访谈中被多次提及，平常有很多孩子围着他们转，想要和他们成为朋友。这类幼儿常常在集体中很有优越感，常常轻松地找到玩伴，但是缺乏对其他幼儿情绪的觉察。

B类：有几个固定的玩伴，但交往比较局限。这类幼儿常常与能经常接触到的、邻座的、或者是分在一个小组，居住比较靠近的幼儿交往。我们需要帮助他扩大交往的对象。

C类：在访谈中没有被提及的幼儿（姚嘉科、奚雨泽、高怡晨、金子淳、徐金皓、仇思恒），日常观察中的确也是交往较少，几乎没有朋友的幼儿。

其中，C类幼儿有这样三种类型：

C1：动作发展水平、灵敏性、反应能力等不如一般幼儿的，如姚嘉科，动作发展较弱，行动慢，常常不能跟上同伴的节奏；

C2：语言慢于动作的幼儿，常常表现出不经过别人的允许就拿东西，认为是自己的，“自我中心”比较突出，如，徐金皓和仇思恒两位幼儿，有一些攻击行为，常常不经过同伴的允许就拿别人的玩具；

C3：表面上比较安静，喜欢一人独自玩，这类幼儿普遍年龄偏小，家长包办代替过多，缺乏与人沟通交流的经验。有时因为胆怯，怕被别人拒绝。如，高怡晨、金子淳，她们常常一个人看书，一个人玩玩具，没有主动去交往的意识。

设计与实施

运用访谈法、观察法让我了解班中幼儿对朋友的理解，客观地分析他们的交往情况。由此，我开始思考，如何针对这三类不同水平的幼儿开展相应的活动。

一、集体活动的有效设计

结合中班《学习活动》教材中的一个内容《好朋友》，我们决定在班级中开展《好朋友》的主题活动，从儿童出发，从孩子的经验出发，从孩子的学习特点出发，拓展活动样式，让孩子在生活中体验，在生活中慢慢地去达成“好朋友”的目标。我认为和生活越贴近的活动，幼儿越能产生活动需要并能与已有经验建立联系。因此，根据幼儿的需求，设计了相应的集体教学活动。集体教学活动主要从“我想交朋友”（了解怎样交朋友的方法）、“我的朋友”（关注同伴）、“我和朋友”（与朋友的相处之道），三个站点出发，设计了一些符合我班幼儿发展需求的集体教学活动。

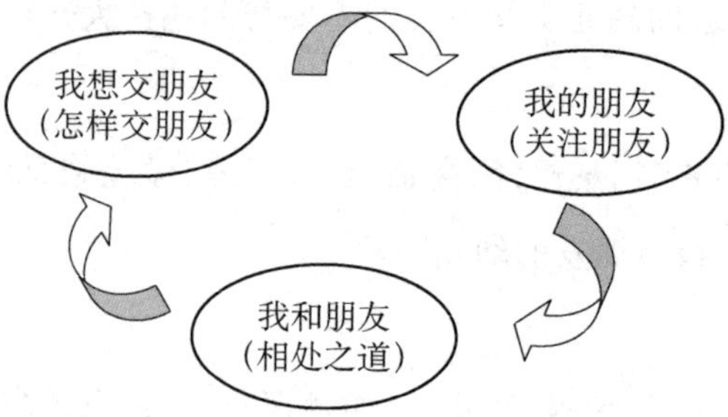

见下表。

《好朋友》主题活动内容设计				
语言领域	阅读《爱笑的鲨鱼》(了解怎样和别人交朋友)	阅读《做朋友吧》	阅读《小老鼠和大狮子》	《好朋友》《不一样的朋友》
科学领域	猜朋友	喜羊羊和灰太狼(辩证地看待，了解朋友的优点)	谁和谁好	过生日(统计朋友的生日)
艺术领域	找朋友(音乐游戏)	举你的右手摆一摆(和朋友一起跳舞)	请你跳个舞	拉拉钩
	朋友的脸蛋(撕纸涂画)	朋友身上有什么	给朋友的新年礼物	新年贺卡
综合	好朋友(学做朋友，了解朋友的特点)	采访朋友	《点点和多咪的信》	

这三个站点的关系是一个循环往复的过程，孩子在产生交往的愿望后，去关注、了解自己的朋友，在与朋友的交往中发生矛盾、冲突，然后慢慢地学会协商、分享、合作等方法，渐渐地掌握交朋友的方法，然后产生交更多朋友的愿望。

二、一日活动的有机整合

"好朋友"的主题，仅仅以一次次的集体教学是不可能培养孩子的品质，形成主动行为的。主题经验是融合在一日活动中，而一日活动的方式如何适应不同的孩子。于是，我们从研究内容进入到活动方式的研究。

(1) 关注晨会，仔细倾听

每天的晨会活动中，孩子们总有很多想说的话，他们表达的内容非常丰富，教师要善于聆听，从孩子的述说中捕捉有价值的经验点，及时地和孩子互动、分享，推动他们的发展。

案例一：抓友情

晨晨高兴地走上台，告诉大家："我今天和杨子瑜、李睿茜一起进来的，我很高兴！"

师："哇！能够和朋友一起走进班级，一起上学真是件快乐的事。和你的朋友抱一抱吧！"

案例二：说感动

昕妍拿了两封信上来，"我昨天在家里写了两封信，一封是要给宋邵言的，还有一封给张嘉怡。"

师翘起大拇指，"太棒了，朋友一定很喜欢。你们喜欢吗？"

师："你愿意把你的信给我们念念吗？"

昕妍高兴地点点头，打开信念起来："宋邵言，我想和你一起去看花。"

师："宋邵言愿意吗？"

宋邵言开心地点点头，师："好的，去把你的信给朋友吧！"

师："太好了，其实写信也是一种向朋友表达感情的好方式。"

案例三：助交往

敦敦是个不太会主动去交朋友的孩子，由于他的动作发展比较慢，所以大家都不太爱和他一起玩。这几天由于是传染病高发季节，幼儿园不允许带玩具进园，但敦敦还是带了一个小鹿的玩具来园。晨会时，敦敦上来说了："我今天带小鹿一起来幼儿园了。"

君君马上质疑："不是不能带玩具来了吗？"

敦敦："小鹿一个人在家很孤单，我要带它来的，我可以陪着它。"

师："原来敦敦是怕小鹿寂寞，真有爱心，你们有什么好主意吗？"

嘉怡："可以让其他毛绒玩具陪小鹿啊？"

抒意："也可以再买个小鹿，两个小鹿在一起就不孤单了。"……

师："敦敦，你愿意接受大家的建议吗？"

敦敦勉为其难地点点头，师："那小鹿不在你身边，谁来做我们敦敦的朋友呢？"

孩子们马上说，“我来做，我愿意，我做你的朋友吧，我带了书和你一起看……”

这下，敦敦脸上露出了会心的笑容。

在晨会活动中，教师与幼儿互动，评价伴随着幼儿的表现，引导幼儿之间互相了解，愿意去结交朋友。教师对幼儿的过程性评价的意识比较强，时时刻刻关注幼儿的行为表现，并给予适时的评价，不是为了评价而评价，而是为了促进幼儿的交往而评价，是对幼儿发展的评价。

（2）期待进餐——好朋友餐桌

让进餐成为一件期待的事，每天早上来园，孩子们可以和朋友商量好，选择“好朋友”餐桌，并且可以自己给好朋友餐桌命名，如：香香桌、大嘴巴桌、干干净净桌等。结伴午餐成了一件快乐而有意义的事，当孩子们要想办法凑满好朋友餐桌的人数时，你会发现，活泼、外向的A类会主动地牵线搭桥，询问B类和C类幼儿，是否要加入他们的餐桌用餐，渐渐地被动的C类开始有主动交往的意识，有的时候C类的孩子能组合在一起进行用餐，你会发现当弱弱组合在一起时，也会有很多意外的惊喜。不同的好朋友餐桌的组合方式，对ABC三类孩子都有所促进。这样的自主选择的模式，让幼儿能愉快进餐。

（3）快乐午睡——我和朋友一起睡

我们常常会发现，进入到中班后，一些孩子开始比较抗拒午睡，觉得午睡是一天中最没劲的事。总是睡在同一个地方，总是和他一起睡……孩子总有很多对午睡的不满。那如何让午睡有意义？B类幼儿在谈到和朋友一起做的事中，就有谈到一起午睡、一起牵手。如果午睡有意义了，孩子就喜欢了。午睡这样一个生活环节是否也能帮助孩子建立关系呢？于是，我们对午睡进行了调整，选小床，和朋友一起睡。

一周开始了，孩子可以在周一的早上选择这一周他想一起睡的朋友，他想睡在哪里，并在相应的地方摆上自己和朋友的照片。

在这期间，教师要做好观察，观察孩子的情绪，孩子之间的行为、交往或者冲突等。我们设计了一些观察记录表，帮助教师来了解和评价幼儿参与这个活动的情况。

教师观察表

内容 姓名	选择几号床	选择的同伴是谁	情绪	午睡情况	是否有互助

幼儿自评表

时间	我睡在	好朋友睡在	选床心情	午睡情况自评

在教师和幼儿的自评表中，教师能发现幼儿午睡和选择朋友的情况，在这个过程中，教师要及时地进行一些谈话。如，谈话：左边的好朋友是谁？右边的好朋友是谁？当有幼儿谈及不喜欢旁边的朋友时，要及时地询问不喜欢的理由，及时地引导，如，祎祎说："他总是掀我的被子。"教师可以引导幼儿了解朋友之间的相处之道，引导他"明天你怎么做"，慢慢地，孩子就成为好朋友了。

（4）结伴暖身有计划

户外运动时，皓皓总是喜欢霸占很多运动器械，常常会与同伴发生冲突，因此，大家都不愿意与皓皓玩。怎样让皓皓融入到集体中，帮助他控制自己的行为，减少与同伴的冲突，我们设计了"冬日结伴暖身计划"。幼儿自由结伴、自主设计暖身计划，制定任务书。皓皓制定了自己的暖身任务书，根据任务书寻找朋友，并一起玩。刚开始，大家不愿意与皓皓玩，当皓皓拿出任务书，对着朋友认真介绍时，朋友答应了。小小的任务书不仅提醒皓皓该如何选择玩具，更帮助他找到了一起玩的同伴，促进了他和同伴的交流。原本一个个小小的、孤立的个体，由于暖身计划的执行，开始建立关系，有的两两组合进行炒黄豆、单脚跳等动作，有的小组合作，进行开火车、拉圈转等活动。给孩子空间，让孩子做活动的主人，他们就会有无限的精彩。

在主题的开展中，我们还设计了很多贴近孩子的活动，如"好朋友点赞卡"、"结伴午茶”、“周末对对碰”等，这些活动都来源于生活，为幼儿所喜爱。经过这样的访谈、调查、了解孩子原有经验的方式，我们的老师都认为，这样的方式不仅研究了孩子，更帮助我们开发了更多的活动样式，设计满足幼儿发展需求的活动。

成效与感悟

一、课程设计要尊重幼儿差异

幼儿的发展水平是具有差异性的。幼儿在发展过程中的速度、内容和趋势上呈现出多种多样的差异性，因此，教师对每名幼儿进行合理科学的、适宜性的评价，能够为教师的教育教学活动提供支持。而对幼儿进行差异性的评价，是尊重幼儿发展的多样性，是解读幼儿发展的需要。

二、多维的评价科学分析

经过这样的访谈、调查、了解孩子原有经验的方式，我们的老师都认为，以儿童为中心的教育观和评价观，在主题活动中围绕幼儿学习行为自然地展开，拓宽主题活动的样式，实现过程性评价在主题活动中的价值。这样的方式不仅研究了孩子，更帮助我们开发了更多的活动样式，设计更为贴近孩子的活动。

（撰稿者：邱　吉）

课程现场 5-4

有味儿的蔬菜

现场与实景

实景一：

这是开学第三周的周一早晨，孩子们陆陆续续带着自己的小植物和小动物来到了自然角。这时，菡菡双手捧着一盘大蒜也走进了教室。

菡菡带来的大蒜没有受到大家的关注。孩子对自然角里的小动物更感兴趣。

实景二：

一个月过去了，大蒜发出了高高的蒜苗，孩子们都好奇极了，纷纷围在大蒜周围。

果果指着高高的蒜苗说："你看！它长头发了，长得好长呀！"

萌萌说："这是韭菜，我吃过的！"

朗朗噘起嘴巴，说道："这不是韭菜，是大蒜好不好！它很臭的！"

"对！这是大蒜，我才不要吃大蒜。"妙妙边说边摇着头。

勋勋边摸边指着蒜苗说："它身上有绿绿的叶子，这不是大蒜！"

就这样，孩子们热烈地讨论着，纷纷表达着自己的观点。

发现与解读

一、基于幼儿兴趣的分析

三、四岁的儿童还不能进行有目的、有组织的观察，他们感知的是事物的外表，喜欢观察具体的、突出的、鲜明的东西。因此，初期的幼儿兴趣更多的在对动物的关注上。自然角的魅力就在于我们养殖和种植的动植物每天都会有变化，充满新奇。渐渐大蒜开始发生变化，孩子们的兴趣被激发。孩子们通过眼睛、手、鼻子等不同的感官去观察、研究大蒜。

二、满足幼儿认知的需求

小班幼儿处于直觉行动到具体形象思维的过渡阶段，他们的认识很大程度上要依赖行动，常常通过自己的行动表达需求。从孩子之间的谈话我们发现，虽然幼儿能够运用语言简单地描述大蒜的特征和变化，但是这些认识都还是比较零星的、碎散的。甚至，有些孩子还不知道这是什么，认为绿绿的、宽宽的、扁扁的就是韭菜。这一系列的表现，都是在告诉我孩子们对认知的需求。

设计与实施

小班幼儿对外形特征变化明显的事物感兴趣，大蒜的变化引起了幼儿的关注。同时，经过几周的幼儿园生活，我发现，我班孩子对蔬菜普遍有所抗拒，尤其是有味儿的蔬菜，他们觉得这是一种难闻的气味，不好吃也不愿意吃。于是，我打算抓住这个契机，从幼儿的兴趣和生活出发，开展有关《有味儿的蔬菜》主题，让孩子们在操作和观察中探索并发现大蒜的特点和发展变化等，并且通过品尝和实地参观，对其他有味道的蔬菜有简单的认识和了解，将他们的兴趣进行延续和提升。因此，设计了以下几个活动。

一、种植并照料大蒜

（一）种大蒜

我让幼儿猜测大蒜的种植方式以及种植条件。有的孩子认为要先放土，再将大蒜埋进去；有的孩子认为是先放大蒜，再把泥土倒上去；甚至还有的孩子认为，把大蒜扔在泥土表面就可以了。面对孩子们不同的猜测和观点，我鼓励孩子根据他们自己的猜测加以尝试。

在种植大蒜的过程中，对铲子、水壶等工具的使用，对于小班幼儿来说也是第一次。当朗朗使用铲子挖土时，由于泥土过硬遇到了困难，无法铲动泥土。面对朗朗的问题，我打算利用这次机会，给予他充分探索工具的机会，同时对小班幼儿遇到问题的反应进行观察。我发现，当朗朗面对硬邦邦的泥土，遇到困难时，他在几次尝试下决定使用铲子凿动泥土使其松动，最后再铲起泥土。

（二）照料大蒜

种植完毕后，我开始让幼儿亲手照料自己种植的大蒜。在照料的过程中，也是提供给孩子一个持续观察的机会。让孩子们在每天浇水的过程中，关注大蒜逐步的生长变化，比如大蒜发芽了、大蒜又长头发了、大蒜的头发好长呀等等。由此，孩子们发起了要给大蒜来理发的活动。孩子们使用剪刀，为大蒜剪下一根根长长的蒜苗。甚至，在这个过程中，孩子们还可以根据大蒜的实际生长状态和区别，了解到到底先前哪一种种植方式更适合、更有助于大蒜的生长。

二、蔬菜品尝会

我发现孩子们对这些特别的蔬菜的认识只停留在表面，需要更深层地接触它们、知道它们、了解它们。因此，在大蒜收获后，我打算在生活室展开一次蔬菜品尝大会，将小菜地里大家一直关注和照料的大蒜、芹菜、香菜、菠菜四种有味儿的蔬菜给孩子们闻一闻、烧一烧、吃一吃。

首先要让孩子们认识芹菜、韭菜、香菜等有味儿的蔬菜的外形特征、气味特征。其次，让孩子们参与择菜、洗菜的过程，体验烹饪、劳动的辛苦和快乐。随后，让孩子们观察整个烹饪的过程，了解蔬菜变成一盘菜的加工过程。最后，孩子们围坐在一起享受这些蔬菜独特的美味，知道虽然有些蔬菜闻着有些怪怪的味道，但是吃起来是非常美味的。在整个活动过程中，尝试使用各种不同的方式调动幼儿的不同感官，去了解蔬菜的“有味”。甚至，有的孩子吃得津津有味、停不下来，吃完了还要用勺子去刮大盘子里仅剩的一点蔬菜汤，嘴里还不停地说着“真好吃！”。

三、奶奶厨房

家长资源是促进教学工作、充实课程的重要资源。是幼儿园教育孩子的合作伙伴，也是提高保教质量的坚强后盾。我利用家长资源，举行一次创意蔬菜大比拼。请奶奶做一道拿手的创意蔬菜，并拍成照片带到班级里进行大评比，最后选出最受欢迎的一道菜。

当孩子们带来的照片贴上墙以后，他们的表达欲望仿佛被瞬间点燃。孩子们纷纷向自己的好朋友介绍起了奶奶的手艺。于是，我想：既然孩子们的热情如此高涨，表达欲望如此强烈，那我为何不利用这次机会，为孩子们创设一次拉票环节，介绍自己带来的这道菜，说说它的优点，说服同伴为自己投票。一来，可以满足幼儿当前的需求，给与他们充分的机会来表达表现自己。二来，也可以让孩子们自己来做评委，尝试评价同伴(包括同伴的菜，同伴的介绍)。

成效与感悟

经过一系列活动的展开，孩子们对蔬菜的热情越来越高涨，我也有了以下几点感悟。

一、课程来源于生活

生活中蕴含着取之不尽的教育资源，只有源于幼儿生活的教育才能真正促进幼儿的发展。在整个活动的开展过程中，我们始终围绕生活、紧扣生活。让孩子们在生活中真实体验大蒜的种植过程，真实感受种植大蒜的快乐。孩子们凭借着自己的生活经验、根据自己曾经的所见、所闻进行猜测、尝试和判断。因此，生活即课程的教育理念倡导让幼儿在生活中求知，在求知中生活，让我们的教育内容贴近生活，回归生活，为孩子们构建他们真正感兴趣的生活课堂，在最自然的状态下养成幼儿良好的生活习惯，培养幼儿大胆猜测、提出问题、发现问题、解决问题的能力，使幼儿在和生活世界的接触和沟通中感受生活，掌控知识，发展能力，完善自身。

二、课程的主体——孩子

孩子，作为一个课程的主体，需要让他们的自主性、能动性、创造性在活动中得到充分体现，这才能逐渐提升幼儿的探究、学习的品质和能力。

在种植活动中，小菜地里的泥土很干导致泥土比较硬，朗朗在初次使用铲子挖泥时，遇到了困难。这时，我并没有直接介入，我选择继续观察，一来是想看看朗朗遇到问题时的自身反应，二来也想看看朗朗对铲子的使用是如何探索的。令我感到惊讶的是，朗朗遇到困难后并没有直接向我求助，而是继续自己探索，探索如何挖动干燥泥土的方法，如使用铲子锋利边凿动干燥的泥土使泥土松动，从而达到挖动泥土的目的。结果不应该是成人来直接告诉孩子的，而是应该让他们在尝试中自己去探索与发现真理，从而培养幼儿发现问题、解决问题的能力，提升幼儿的学习品质。

三、给予每个孩子表达的机会

在拉票环节中，我先请了一位班级内语言表达能力较强的幼儿，想通过她的介绍起到示范的作用，给一些表达能力较弱的孩子有学习、模仿的机会。青青首先进行了自我介绍，其次对自己的这道菜进行了介绍，最后请大家为她投上一票。青青的思路清晰，语言表达也比较流畅，说明只要我们给予幼儿充分的机会和空间，即使是小班的孩子也能给我们最大的惊喜。除此以外，其他孩子的评价也让我感到兴奋。其实，对于小班幼儿来说，评价是有难度的，他们的评价主要是模仿，内容主要来源于日常生活中成人的评价，比如“你真有礼貌”、“你的声音真响亮”，但是在今天的评价中，除了这些类似的评价以外，他们能够根据自己眼睛所看到的菜肴，对其颜色搭配进行评价“照片上面的菜有很多很多的颜色，很好看”，这是从外观上对这盘菜进行的独立评价，评价客观、具体，清楚地表达了自己的看法。

《有味儿的蔬菜》内容的选择以有味道的蔬菜为切入点，内容来源于幼儿对自然角的观察而产生的各种问题，从而引发的关注热点。再联系生活，以孩子不爱吃蔬菜，不愿吃有味道的蔬菜等实际发展情况为根本，作为课程的开端，激发了幼儿的探索兴趣。活动分为四大板块，让幼儿体验劳动、观察比较、通过各感官(视觉、嗅觉、味觉)感知具有特殊气味的蔬菜等。在整个主题实施的过程中，孩子就是活动的主人，教师提供了丰富的材料，创设了充分的空间，满足幼儿各方面的需求，在观察、探索和尝试中学习和成长，成为学习的主人。

（撰稿者：沈璐依）

第六章 艺术与审美课程：美学圣殿里的生命旅程

生活中时时、处处都有“美”的存在与发生，艺术教育的现场就是生活。当我们把艺术还原到儿童的生活，艺术教育再也不是独立的点状活动，而是相互关联、持续演进的生活过程本身。通过多种生活形式，通过与环境的充分互动，艺术教育便可以摆脱枯燥无味的训练，从被动表达走向自主表现，它带着生活的温度，带着情感的流露，是美学圣殿里的生命旅程。

杜威说：“经验是有机体与环境相互作用的结果，当这种相互作用达到极致时就转化为参与和交流，教育即经验的改造。”艺术教育，无论正式的还是非正式的，都是审美经验不断改造的过程，而这种改造是在真实的生活环境中发生。正如朱光潜先生所说：“风行水上，自然成纹。”美，在我们的生活中无处不在，儿童对美的认知、感受、欣赏和创造须根植于生活。

艺术教育应以多种面目出现：手工劳动，现场参观，游戏，戏剧表演，建构，音乐等，让儿童在亲历中观察、操作，体验，进而启动思考，建构、改造和创造经验。因此，艺术教育的过程更甚于结果。作品纵然让人期待，但一定不是艺术教育的唯一追求。恰恰相反，过程中的观察，体验和思考才是儿童最需要获得的有益经验。在此过程，教师的提问、建议和引导便构成了教育，这也许就是“生活即教育”的真正意涵所在。

“生活即教育”的理念已经让我们每个人耳熟能详，但在教育现实中始终难以落地。当我们的思维被单位时间内的“课堂”所禁锢时，“生活即教育”也只能是漂浮在空中的理念。艺术教育尤其需要儿童在亲历生活的过程中实施。地点为轴、时间为序，生活的时时、处处都有“美”的存在与发生，艺术教育的现场就是生活。儿童的艺术学习是从体验美开始的。一切有效的体验对于儿童来说都是经验的有效输入。模仿是学前儿童的主要学习方式，大量经验的输入为儿童提供丰富的模仿对象和学习内容。在经验的积累与模仿学习的基础上，儿童才可能输出属于自己的创造。这种创造是儿童历经体验——模仿——内化——经验重构后产出的、真实的学习结果。完整经历学习过程的学习才是真实的学习，其结果才能切实地推动儿童的发展。艺术教育的有效性也就实现了。

基于以上思考，我们在行动中不断探索、拓展幼儿园艺术教育的路径。把艺术还原到儿童的生活，作为表达表现的工具渗透在儿童学习与发展的全过程，帮助他们实现经验的改造和迁移，萌发儿童的所感所知，培育真实的审美情感。

从艺术教育的纵深角度思考，我们充分把握了“输入——输出”之间的平衡，通过多种活动形式，通过观察，感受和操作等与环境产生充分互动，丰富儿童的实践经验。

总之，“MY课程”理念下的艺术教育再也不是独立的点状活动，而是由相互关联、持续推进的系列活动构成的教育过程。教师不再桎梏于“模仿与创造”的二元对立的牢笼，在广阔的艺术天地与儿童一起徜徉，在潜移默化中完成育人的使命。儿童更是摆脱枯燥无味的学习与训练，从被动表达走向自主表现，表达再也不是“无病呻吟”式的虚伪表现，而是带着生活温度的自然流露。

课程现场 6－1

绽放的向日葵

现场与实景

4 月的一天，在自然角，班中每一位幼儿播种了向日葵种子。以下是发生在班级中的实景片段：

实景片段：

孩子们来到幼儿园的第一件事就是先看看自己种的向日葵。

“向日葵，我会好好照顾你的，你快点长大！”小李子一边给种子喷水，一边说。

“我要带它去晒晒太阳。”说完小宇拿起纸杯将向日葵搬到阳台上。

“我每天都要来看看你的，向日葵。”

“向日葵我给你多喝点水，你就有力气出土了。”

“我最喜欢向日葵了。”

……

八天后

“快来看啊，我的向日葵发芽了！”

“我的也发芽了，还有两个小芽。”

“向日葵你还在睡觉吧！”

“我的怎么还没有发芽，我要给你多浇水多晒太阳。”

……

发现与解读

通过观察发现，每天来园的第一件事，很多孩子们都会主动去给向日葵浇浇水，观察向日葵的成长。发现向日葵发芽了，高兴地告诉每一位朋友、老师以及阿姨并在自己的记录本上记录下来。

孩子们的主动行为，触动了我并引发了我的思考。有一名美术工作者这样说，你们幼儿园的美术教育："教幼儿如何画画，而没有教幼儿喜欢画画。"这不禁引起我们的思考：我们的孩子喜欢画画吗？喜欢参与美术活动吗？在个别化学习活动中的美工区创设中，往往呈现了如下特点：操作步骤清晰、目标层层递进、学具精致独到。这类高结构的学习材料，大多严谨得让孩子的学习"亦步亦趋"。这难道就是我们所追求的幼儿园美术教育吗？这样的环境创设是幼儿所需要的吗？这样的环境支持能有效促进幼儿的审美感受与表现吗？

幼儿在种植向日葵的过程中萌发了浓厚的兴趣，我们何尝不试着尊重他们的兴趣，去更深入的了解、欣赏以及表现自己对向日葵的理解呢！在《指南》艺术领域，四个目标三个采用了"喜欢"这个词："喜欢"自然界与生活中美的事物；"喜欢"欣赏多种多样的艺术形式和作品；"喜欢"进行艺术活动并大胆表现。这足以告诉我们，幼儿园的艺术教育重在艺术兴趣的培养。根据幼儿的兴趣以及需要，将孩子们近期的热点运用到幼儿园的学习活动中，我认为是有价值及意义的。

设计与实施

以往我们总是苦于思考贴近主题的个别化美术活动、寻找幼儿喜欢的主题素材、提供每一份个别化学习活动可能需要的材料、套用以往热门的内容于个别化学习活动中。现在让我们把机会还给儿童，从孩子身上去发现“热点”，一起看看我们是怎样实施的。

一、我也是大师——赏向日葵

随着向日葵一天天地长大，纸杯渐渐容不下它们了。我们组织了幼儿一起移植向日葵。

向日葵在户外风吹雨淋，孩子们也常常会问起：“向日葵长高了吗?”、“向日葵什么时候开花?”他们非常关心向日葵的生长情况。

利用户外活动的时间，第一次孩子们欣喜地发现，向日葵的叶子由原来的 6 片变成了 12 片；第二次发现向日葵的经脉越来越粗壮了。直到 6 月初，向日葵开始慢慢开花了。

孩子们见了都不由自主地感叹：“哇，向日葵真漂亮啊!”、“向日葵可真大呀!”、“好想和向日葵拍张照”、“你这么漂亮真想把你画下来啊!”等等。

在户外活动的时间，幼儿自主观察种植的向日葵，满足了幼儿的内在需求。艺术的表现形式是存在多样性的，幼儿首先体验了种植、照料向日葵，对向日葵萌发了关心、爱护的情感。教师抓住幼儿的热点，将“向日葵”引入班级的个别化学习活动中，鼓励幼儿通过多样化的材料进行创造性的表达表现。

二、我也是大师——我眼中的向日葵

在观察的过程中有个孩子说：“我要把你画下来。”周围的孩子听了说：“是呀，等读小学了，看不到了，就可以看看我画的向日葵。”孩子们无意间的一句话，激发了我们。既然大家都这么喜欢向日葵，又有着比较丰富的经验以及感受，何不让孩子们在个别化中试一试画或制作自己心中的向日葵呢！于是我们个别化区域——美工区内创设了以下几项内容：

（一）欣赏名画

提供了梵高的向日葵，感受大师作品中的美。通过名画的欣赏、亲身种植与观察记录、有关向日葵的绘本以及真实的向日葵等，促进幼儿从中感受美。我们知道只有在真实情境中感知真实事物，并由此积累丰富的感知经验，才能有助于幼儿进行艺术创作，从而促进幼儿对向日葵的审美感受与表现。

《指南》中指出让幼儿“用自己喜欢的方式去模仿去创作，成人不做过多的要求”，“幼儿绘画时，不宜提供范画，特别不应要求幼儿完全按照范画来画”。“模仿”是幼儿美感表达的主要方式从模仿的动机上看可以分为主动模仿与被动模仿，范例画则属于被动模仿。从模仿的内容来看，可以模仿自然事物、模仿生活事件、也可以模仿艺术作品。幼儿就是在这种模仿中成长。

（二）阅读绘本

提供了一部分有关向日葵的科普类以及绘本类的书籍，供幼儿翻阅，从书中更科学地了解向日葵。

（三）多种形式的绘画

我们鼓励幼儿走进大自然，请幼儿带上画板到室外进行写生。同时，也将孩子们感兴趣的向日葵搬了到教室内，进一步了解向日葵的外形特征。幼儿还可以自主选择各种材料进行绘画向日葵，表现向日葵不同的美。

（四）创意制作向日葵

美工区有着大量的材料，包括装饰材料、废旧材料以及低结构的材料等，有了它们，有效地促进了孩子们的想象创造能力。

孩子们一开始也多是采用绘画或装饰材料进行制作；到后期有的幼儿开始尝试使用废旧材料制作立体的向日葵。有的幼儿还在向日葵的下面放了罐子说：“这是向日葵的土壤。”看到幼儿的作品后，我们也觉得似乎有那么点意思。

成效与感悟

回顾“向日葵”实施的整个过程，我们可以发现开放的环境、亲历的实践、多样的材料，促使幼儿的学习能力不断提升，教师课程实施的主动性也更强了。

（一）实现了幼儿在前，教师在后

在幼儿的个别化学习活动中，教师要顺应幼儿的意愿和活动兴趣。能让幼儿想的要让幼儿自己想，能让幼儿做的要让幼儿自己做，要让幼儿做活动的主人。因此，幼儿要有“自作主张”的机会。

美工区以材料超市的形式开展个别化学习活动，能最大限度地发挥每个幼儿的自主性，为幼儿创设了充分选择的机会与条件。幼儿根据自己的需要自主选择创作材料、自主设计作品的外形特点、自主寻找合作伙伴、自主安排活动进程中实现了自我管理，让每个幼儿都感受到了自己是活动的主人，自己主宰了自己的活动。

同时让幼儿对自己自发表现的作品进行陈列与展示，展示前让幼儿解释自己的作品，陈列时把幼儿对作品的说明一同呈现，这样有利于让教师能退在幼儿活动的“后面”，观察他们的活动行为，并在恰当的时机提供合适的支持，更好地发挥幼儿在活动中的主体地位。

（二）实现了美术活动与其他领域的教育相结合

《指南》中指出艺术活动（包括美术活动）可以和其他领域的教育相结合。比如，可以让幼儿在科学探索、故事欣赏、社会活动、自然远足等其他领域学习的基础上，通过艺术手段将感知的对象和体验自由地表现出来。

美工区内根据幼儿之前的活动比如播种向日葵、观察向日葵以及提供的向日葵的绘本等，这些前期经验以及直接感知都能较好地促进幼儿感知向日葵，为美工区内幼儿能自由的表现埋下伏笔。有效地实现了美术活动与其他领域的整合性。

（三）满足了幼儿个性化表现的机会

在个别化中，我们反对千篇一律的训练，倡导个性化的表现。在个别化过程中教师需要适时的指导，即“在幼儿需要时再给予具体的帮助”，也就是实现了顺应幼儿需要的指导。

美工区内我们提供了与生成主题相关的图书、照片、绘画让幼儿模仿。其中有别于范例画的是：第一，我们提供的是一种真实的食物——向日葵，每个幼儿在表现它的时候，是有自己的感受和理解的。第二，提供梵高的向日葵是非概念化的，是画家对真实事物感知后的创作，有情景甚至有故事，幼儿对它的模仿也是渗透着自己的感知与体验的，因此不会形成像范例画那样一种模式化的变现。在提供了这些作品后，幼儿可以自主选择，用自己喜欢的方式去模仿或创作，真正意义上实现个性化表现。

（撰稿者：张思芸）

6-2
课程现场

有趣的扎染

最近，我班正在进行《我是中国人》的主题，孩子们对中国的传统文化有较大的兴趣，特别是扎染活动，活动区域人头攒动，这里有两个现场实录：

现场与实景

现场 1：

活动开始了，皮皮拿起了橡皮筋和染布，一手拿着染布，一手拿着橡皮筋，神情十分认真地把橡皮筋圈在染布上，嘴巴里说着“1 圈，2 圈，3 圈，4 圈，老师，我绕好了。”于是，又拿起一根橡皮筋绕了起来，乐此不疲地在染布上绕着。

琳琳说：“皮皮，你看，还有珠子。”皮皮说：“那我们把珠子裹在布里面吧。”于是，两人一起合作，琳琳把珠子放进染布，然后握住，皮皮就用橡皮筋把珠子裹住。

现场 2：

活动开始了，辛迪拿起了一块正方形的染布，她把染布对折，然后再对折，折成一块手掌心大小的正方形，然后拿起夹子夹在了染布上，她在染布的四周都夹满了夹子，最后，她将制作好的作品放进了染缸里面。

发现与解读

通过一段时间的观察，我发现孩子们对扎染工具非常的感兴趣，他们总是乐此不疲地探索使用不同的工具与扎染图形之间的关系。并且，越是贴近他们生活的这些工具，他们越喜欢操作。孩子们都喜欢把珠子裹在染布里，然后用橡皮筋裹住，因此，他们还自己带来了各种类似珠子的材料，如鹅卵石、碎石等。同时，在扎染的活动中我们看到了孩子能够灵活的使用剪刀、撕剥双面胶、缠橡皮筋等等。但是我们也发现随着活动的进行，孩子们扎染出来的图案都大相径庭，很少有创新的图案，的确，有关扎染的相关经验在幼儿生活中并不常见。于是，在后面的活动中，我们尝试了以下的调整。

设计与实施

一、交流分享会

我们在班中展开了“扎染知多少”讨论会，每个孩子都可以畅所欲言，说说自己的想法，有的孩子问：“是不是只能用橡皮筋才可以扎染呢？”“扎染出来的图案是什么样子的呢？”“其他的工具要怎么使用呢？”“扎染需要多久呢？”等等。孩子们的问题又再一次把我拉回了现实，我该如何让我的孩子们获得经验呢？

二、跟进课程内容

（1）扎染欣赏

《3－6岁儿童学习与发展指南》中艺术领域中第一块内容是“感受与欣赏”，想要幼儿有出色的作品出现，我们必须给幼儿提供大量的欣赏，于是，我们在原来的基础上增加了“生活中的染布”这个内容，和孩子们一起聊聊说说，或是上网查找图片，我们收集了很多生活中出现的扎染作品。如：桌布，背包、围巾等。拉近幼儿与扎染之间的距离，也再次激发幼儿对扎染的兴趣。

（2）工具本领大

“老师，这个夹板怎么用呢？”“这个滴瓶是用来滴颜料的吗？”“我们还有其他的工具能够来扎染吗？”“怎么有这么多的工具呀？”“我们都可以用吗？”“这些都怎么使用呢？”等等。孩子们对工具的兴趣十分的高涨。

同时，孩子们的记忆是在不断的重复中练成的，于是，我们利用记忆图的方式将扎染工具进行整理，依次黏贴在墙上，让幼儿更有序地记清扎染的工具以及功能，让孩子们一目了然。帮助幼儿在后续的活动中能够更有目的的选择工具。

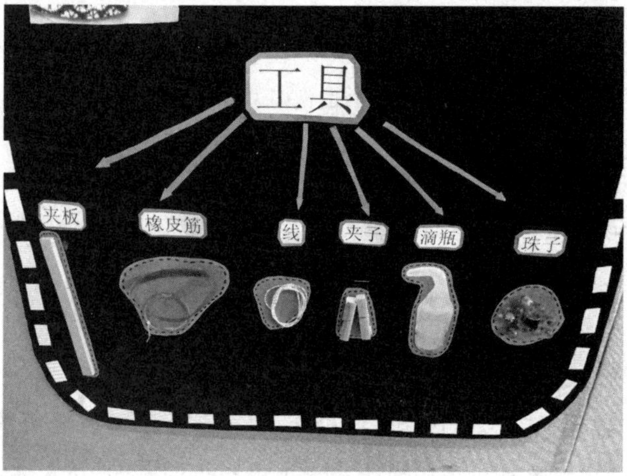

图 1　有用的工具

经过一阶段的观察和探索，孩子们对扎染有了进一步的了解，他们的探索欲望也不断增强。随着活动的进行，他们发现了很多意想不到的问题。“为什么珠子可以裹在布里面？”“为什么我的橡皮筋很松？”等等。

《指南》中指出：“刨根问底”是幼儿积极主动的探究倾向的表现，教师要给予支持和鼓励，并创造条件支持幼儿自发的目标达成。于是，我们收集了很多孩子们的问题。

（3）问题墙

于是，我们展开了“问题大不同”的活动，请孩子们说说在扎染过程中的发现与困惑。首先，我们向孩子们收集问题，孩子们的问题真的是千奇百怪：“为什么颜色染不到不布上呢?”“为什么有的染布染色就十分均匀呢?”。发现问题之后，我们请孩子们两两合作，2 人一组，自主发现问题，寻找答案。同时，请幼儿自己画下自己的问题，其中，孩子们“为什么有的染布染不上颜色?”十分感兴趣，于是，我们展开了进一步的探究，孩子们通过实地考察，回家询问爸爸妈妈，上网寻找资料等方式收集信息，最终，我们得出了以下几个结论：(1)夹板将布夹得太紧，所以染不到颜色。(2)水位不够高。(3)扎染的时间不够，需要更长的时间。(4)水温不高。孩子们的热情十分的高涨，在整个活动中，不断地发现问题，提出自己的疑惑，然后通过各种形式进行答疑解惑。

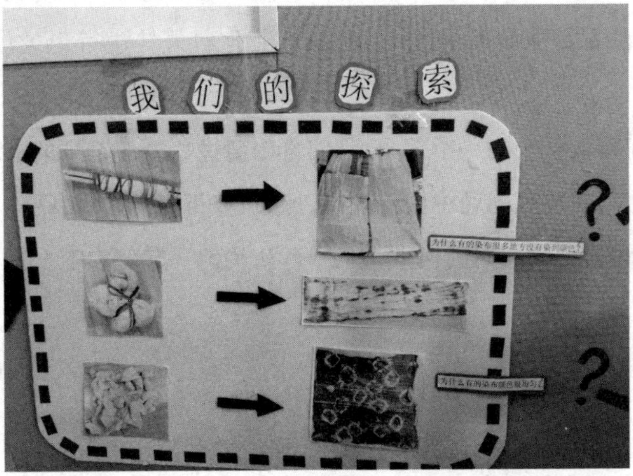

图 2　幼儿自主的选择同伴，对问题进行探索

成效与感悟

一、幼儿具有进一步的探究能力

虽然“扎染”是个艺术活动，但是在整个过程中，包含了很多科学探索的内容，如扎染的时间，染布和各类工具之间的关系，孩子们能在两者之间发现问题，建立联系，最后解决问题，只要教师有发现孩子们的“哇”时刻的眼睛，那么，课程中任何一个活动都是孩子们值得去探索、研究的对象，这样，孩子们的科学探索的品质又向前提高了一大步。

二、探究中能与他人合作与交流

在活动中，问题墙以小组的形式展开，幼儿相互商量，互相交流，大胆说出自己的疑惑，并且在记录、分享时也能互相合作、轮流进行，每位幼儿都有记录和表达的机会，提高了幼儿的合作能力。

三、提高幼儿的记录能力

在进行记录时，幼儿在中班时已经有了一定的记录能力，现在，我们只提供了一张白纸，幼儿可以自主安排画面，用符号、图画和其他符号等进行记录，进一步提高了幼儿的记录能力。

扎染只是探索活动中的一小部分，我们希望通过这些一系列的活动提高幼儿的观察能力、探索能力，在发现问题中进行观察、比较、分析，最后得出结论。在我们的一日生活中，还有很多值得孩子们去探索、去了解，让我们一起努力吧！

（撰稿者：张枫雯　邓嘉雯）

课程现场 6-3

最棒的色彩

现场与实景

在一次美术活动中，妍妍对着旁边的小宝说："小宝！你怎么在乱涂乱画啊！"旁边的子淇附和道："是呀！好难看呀！"在同一张桌子的小宝听到了妍妍和淇淇的议论后，脸一下子涨得通红，笑嘻嘻地异常兴奋地用手使劲地擦画面，把原本用炫彩棒画的黑色的小汽车擦糊后，再继续用黑色的炫彩棒涂色，不一会儿，整张纸都被他涂成了黑色的圈圈。

我走了过去，问妍妍："你为什么觉得小宝画得不好看呢？"妍妍："因为呀，我觉得他把黑色涂成一团团的很难看。"子淇说道："他都不用彩色画画。"于是，我又问了小宝："你今天画的是什么？""我画的是我最喜欢的小汽车啊。""黑色的小汽车很酷呢！你为什么要把他全擦掉呢？""她们都说不好看。""那你觉得好看吗？""嗯！"小宝轻轻地回答了我。"那这辆小汽车已经被你涂抹掉了，你还想再画一辆吗？""好。"于是，我给了他一张纸，他又重新画了一辆黑色的小汽车。

发现与解读

一、幼儿分析

1. 幼儿行为活动的分析

孩子们在平时的活动过程中都会选择颜色鲜艳、明亮的彩色，觉得彩色很漂亮，而像小宝一样选择黑色的孩子相对较少。班级中很多孩子看到身边的朋友用黑色涂鸦就会认为他们是在乱涂乱画。妍妍和淇淇觉得小宝的画不漂亮，而言辞锋利地针对小宝，仅仅因为他喜欢用单一的黑色画画。

2. 幼儿年龄特点的分析

小班年龄段的幼儿对鲜艳、饱和的色彩有偏爱。幼儿天性爱美、心思细腻，他们喜欢美好的东西，并且具有一种天生的敏感性，那些鲜艳的色彩，动听的声音，都能瞬间吸引他们的注意力，让他们沉浸其中，不能自拔。幼儿的思维方式以形象思维为主，具有丰富的想象力和好奇心，同时，他们对色彩的喜爱和关注也比成人要强烈很多。

3. 幼儿个性特征的分析

每个儿童都有自己偏爱的颜色，幼儿的个性发展都是迥然不同的，因此，在对色彩的体会与审视方面他们都有自己的喜爱与偏好。小宝性格内向，社会交往性较差，平时喜欢独自游戏和活动，在画画时钟爱黑色，只喜欢用黑颜色涂鸦。同时，他也是一个缺乏自信的孩子，当其他小朋友评论他的画难看时，他用笑容和疯狂的乱涂来掩饰他心中的害羞。可见，对颜色的无意识选择说出了孩子内心的秘密、孩子的深层个性与特征。

二、家庭分析

经过调查发现，班级中约79%的家长自己本身对黑色也存在着反感。因此，幼儿在家进行涂鸦时，家长们往往会出现以下几种情况：

家长们只提供单一的彩色画笔供幼儿进行涂鸦。

家长，尤其是女性家长不支持幼儿用黑色炫彩棒进行涂鸦，因为某些黑色的画笔容易弄脏孩子的袖口、衣服。

个别家长把自己的主观审美标准强行灌输给孩子，如：黑色不好看。因此，这部分原来使用黑色画画的幼儿在家长的不支持态度下，得不到有成就感的满足。

三、我的思考

幼儿眼里的世界是五彩缤纷的，他们对色彩有着不同于成人的敏感和想象。幼儿会用他们特有的色彩符号描绘自己的所想所看，这种符号有着不受拘束、大胆创新的表现力。色彩作为传达形象的外在表现形式，可以说是幼儿美术的生命，唯有色彩最能调动幼儿的情绪，最能刺激幼儿的审美情感。

为了让幼儿消除对黑色的偏见，关注到黑色也有它独特的美，每种颜色都是最棒的色彩，于是，就拿孩子们不那么喜欢的"黑色"，通过班级环境的创设引发幼儿对周围环境中色彩的关注、家园互动找找身边的黑色、名画欣赏、和黑色做游戏等活动，进而让孩子们能关注黑色，感知生活中各种色彩，愿意和黑色做朋友。

设计与实施

一、环境创设

创设一个以黑白为主色调的充满色彩的学习环境。以黑白色为底板，利用一些彩色的丝带或纸条来装饰幼儿的作品墙，幼儿的作品墙与幼儿有亲近、互动的机会，鲜艳、明亮的色彩与黑白色形成强烈的对比，使幼儿在视觉上有强烈的冲击感。

二、活动支持

（一）生活谈话

讨论：你喜欢黑色吗？你们觉得黑色怎么样？

（二）美术活动：《最棒的色彩》

设计意图：感知生活中各种美丽的色彩，在玩色的过程中，愿意与黑色做朋友。

活动准备：PPT、红黄蓝黑四种颜料、棉签、墨汁、滴管、KT 画板、抹布等。

活动过程：

1. 好玩的颜色

（1）分别出示红色、黄色、蓝色颜料。

（2）教师演示红黄蓝三种颜色滚彩画。

提问：红色、黄色、蓝色喜欢玩在一起，他们在干什么呀？

小结：他们摇一摇，晃一晃，转个圈，跳出了彩色的美丽的舞蹈，颜色真好玩。

2. 独特的黑色

欣赏图片：大师蒙德里安的作品、生活中运用黑色的图片。

黑色能让其他的色彩朋友变得更漂亮。

3. 幼儿操作：滴墨滚彩画

一起请黑色朋友来摇一摇、晃一晃、跳跳舞，变成一幅美丽的画。

4. 交流分享

（1）你的黑色朋友是怎么跳舞的？

（2）它和其他的色彩朋友在一起干什么？

小结：黑色朋友和其他色彩在一起变成了一幅幅美丽的画，每一种颜色都是最棒的色彩。

（三）个别化活动：滴墨滚彩画

将滴墨滚彩画投放入个别化学习活动中，幼儿进一步感知黑色。

（四）故事：《不怕天黑》

设计意图：消除对黑暗的恐惧感，感受夜晚的宁静与美好。

活动准备：小兔头饰一个，大纸箱做成的山洞一个。

活动过程：

1. 情景表演：帮帮小兔子。

（1）教师扮演小兔，表演故事：晚上，爸爸、妈妈去加班，小兔一个人在家准备睡觉。突然停电了，房间里黑黑的，小兔特别害怕。

（2）"小兔"提问：如果你像我一样，黑黑的夜里一个人在家，你会不会害怕？怎么办呢？小朋友快帮帮我吧！

（3）"小兔"根据小朋友的帮助，总结出：给爸爸妈妈打电话、用手电筒照亮、想想高兴的事情、抱着心爱的玩具及唱歌等方法可以帮助自己不害怕。

2. 游戏：钻山洞

（1）教师继续扮演小兔，表演故事：今天小兔要上山采蘑菇，挎起篮子出门喽！可是路上要经过一个大山洞，黑黑的山洞有点怕！

（2）“小兔”来到山洞前，往里看看，说：“山洞里好黑啊！我该怎么办？”请幼儿帮忙想办法。

（3）“小兔”先请几名勇敢的小朋友试探着穿过山洞，说一说黑黑的山洞可怕吗？鼓励其他的幼儿尝试过山洞。

（4）“小兔”在大家的帮助下顺利通过山洞。

小结：其实黑暗的地方并不可怕，我们可以待在暗处慢慢适应一会，也可以借助手电照亮，小朋友们还可以结伴一起行动。

3. 欣赏散文《夜晚多美》，感受黑夜的宁静与美好，消除对黑暗的恐惧。

“小兔”：谢谢小朋友的帮助，其实静静的夜晚是很美的。

三、家园互动

1. 扭转家长们主观的审美准则，调整教养对策。无论幼儿喜欢使用什么颜色都应给予适当得体的夸奖与称赞，建立起大胆用色的自信心。

2. 利用亲子调查表，孩子和爸爸妈妈们一起找找生活中的黑色，将找到的黑颜色的物品画下来。从而关注并感知生活中的黑色。

成效与感悟

一、尊重幼儿的感知能力，关注感知的过程

尊重幼儿的感知，我们为孩子们创设色彩丰富的环境，让他们在环境中受到色彩的刺激，激发他们的直觉，使色彩的学习在潜移默化中完成。同时，并不要求他们一定要使用或者喜欢黑色，只是注重幼儿感知与体验的过程，在活动的过程中来感知生活中常见却一直被我们忽视的黑色，感受到在黑色的衬托下能使其他颜色变得更明亮，体会到每种颜色都有其独特之处。

二、从单一的活动转向多元的课程整合

一个个活动的背后融入了生活谈话、学习活动、游戏活动等，是从单一化的活动转向了多元化的课程，是课程的整合性，从集体活动到个别化学习活动体现了课程的连续性。

三、对幼儿的作品评价重其意而不苛求其形，重其趣而不苛求其法

在《最棒的色彩》美术活动中，我给予幼儿充分的欣赏自己和他人作品的时间，先让幼儿大胆想象，说说你的黑色朋友是怎么跳舞的？黑色和其他的色彩朋友在一起干什么？在幼儿肯定自己、欣赏同伴的画作的过程中，通过师生互动、生生互动，不仅发展了幼儿大胆表达的能力，也使幼儿体验到了成功的喜悦。

我们感受到只有发现了孩子的当下需求，整合多元的课程，结合家长的力量，融入到一日生活中，才能使我们的孩子得到更好的发展。

（撰稿者：李淼苗）

后　记

随着本书的出版，“MY 课程”的研究初步告一段落。我和老师们收获了许多。我们秉承“坚持做对的事情，全力以赴解决问题”的实干精神。在教育中所谓“对的事情”就是能够满足学生学习和发展需求的教育活动。孩子的需求各种各样，课程的形态也随之发生了改变。孩子缺少自主成长的空间，我们拓展了“free 40”的课程空间；课程不能满足幼儿个性化发展的需求，我们开设了“菜单式课程”；教师缺少对孩子经验的把握，我们开展了核心经验的研讨，厘清“MY 课程”的目标发展序列；幼儿的学习缺乏真实地动手操作、亲身体验的过程，我们开展了“项目化学习”的研究，推进课程的班本化实施；面对每个儿童成长过程中个体需求，开设了“个别化教育方案”……我们逐一攻克难关，步步落实。课程是养料，在“MY 课程”滋养下，我们的孩子最终实现了幼儿园课程的培养目标：愿交往、乐做事、喜探究、有主张，在各类活动中健康快乐并富有个性地成长。

随着“MY 课程”的构建，我们在收获的同时还面临着许多困惑。对于幼儿园教师而言，最大的困惑还是如何实现真正意义上“我的课程”，即个人定制化课程。目前，我们比较有效地解决了课程的班本化实施，但针对个体幼儿在不同时期的特殊需求，至今尚未探索出令人满意的课程方案。这将是未来我们需要进一步攻坚的课题。

感谢我的导师郭宗莉一直以来在“MY 课程”建设和实施过程中的指导，感谢学前教育前辈林茅教授在课程始创期便提出了“公平教育”理念，为后续课程的开发和实施提供了核心方向。感谢嘉定区教育学院科研室简健萍老师在“MY 课程”实施过程中的专业引领和指导。感谢上海市教科院杨四耕老师，在书稿撰写过程中为我们提供专业支持。最后，还要感谢幼儿园全体教师为孩子发展做出的贡献，特别是郭佳佳、邱吉、陈雪三位老师为本书的撰写付出了心血！

未来，是一个人人想去的地方；未来，是一个拥抱探索者、创新者的地方。展望未来，激发每个幼儿的学习热情、兴趣和内在潜能，让课程精准地满足不同幼儿的发展需求是教育转型的关键，也是品质教育的核心，更是新城实验幼儿园改革探索的又一个新起点。挑战还会接踵而至，但我们坚信只要走好当下的每一步就会收获硕果，未来，也会一步步地来……